学ぶ人は、変えてゆく人だ。

目の前にある問題はもちろん、

人生の問いや、

社会の課題を自ら見つけ、

挑み続けるために、人は学ぶ。

「学び」で、

少しずつ世界は変えてゆける。

いつでも、どこでも、誰でも、

学ぶことができる世の中へ。

旺文社

JN036237

TOEFLテスト
大戦略シリーズ 5

TOEFL® テスト リスニング問題

5訂版

喜田 慶文 著

著者

喜田慶文 (きた よしふみ)

東洋大学名誉教授。カリフォルニア州立大学大学院(言語学科)修了。著書に『旅行業プロの英語教本』(共著,柴田書店),『類義語動詞の研究』(共著,大学英語教育学会語法研究会編),『Phrasal Verbs in Action』(共著,マクミランランゲージハウス),『なるほど! English ではそう言うのか! 日英表現の比較』(共著,成美堂)など。論文に『TOEFL リスニング問題の分析』,『英語リスニング指導法としてディクテーションの有効性に関する一考察−ディクテーションは TOEFL Listening 学習に有効か−』,『英語学習意識と英語能力の相関性に関する調査』,『日本人学生の英語音声認識・意味理解の方法に関する一考察』など,リスニング,ライティング,及び日本語の分析に関する論文多数。

装丁デザイン	内津剛(及川真咲デザイン事務所)
本文デザイン	尾引美代
英文校閲	五十峰聖
編集協力	株式会社シー・レップス,鹿島由紀子,Michael Joyce
問題作成協力	株式会社 CPI Japan,Jason A. Chau,Sean Kinsell
ナレーション	Katie Adler,Michael Rhys,Ann Slater,Bill Sullivan
録音	ユニバ合同会社
Web 模試制作	有限会社 トピックメーカー
写真提供	株式会社 CPI Japan

※本書に掲載されている英文の内容は,最新の情報でないもの,架空のものや事実と異なるものを含んでいます。ご了承ください。

Preface

　TOEFLテストのリスニング問題は，日本で受験できる英語試験の中で最も難しいものの1つと考えられています。したがって，ある程度のリスニング力がなければ，TOEFL形式の問題を解いても，それだけではあまり大きな学習効果は期待できないでしょう。この試験にチャレンジするにはまず，試験そのものの客観的なデータと，日本人英語学習者の特質を正確に把握し，それに沿った対策と学習計画を立てなければなりません。本書は学習者のニーズに留意し，洋書などではあまり取り扱われていない，日本人学習者特有の問題に対処しながら，順を追って学習できるようプログラムされています。

　5訂版では，コンセプトは今まで通りですが，2019年の形式の変更に対応した問題数に変え，全体的には問題を精選加筆し，CHAPTER 3，CHAPTER 4では新たな問題も数題作成しました。

　CHAPTER 2「基礎学習」では，問題形式に慣れながら易しい問題から徐々にレベルアップしていきます。基礎学習後のCHAPTER 3「実戦練習」では，問題の質，量ともに実際の問題と同じレベルの問題を用意していますので実戦力を確実に向上させることができます。CHAPTER 4の「Final Test」では，テストに自信を持って臨めるように，実際の問題より少し難しいと思われるものも用意しました。

　本書のプログラム通りに学習を進めていただければ，TOEFLテストのリスニングに少し不安を感じている学習者も，100点レベル以上まで実力を向上させることができると信じています。

喜田　慶文

Contents

CHAPTER **1** TOEFLリスニング問題 傾向と対策

CHAPTER **2** 基礎学習

本書の利用法

　本書は，TOEFL 受験に関する Information と，以下の 4 つの CHAPTER から構成されています。付属音声や Web 特典とともに活用することで，最大限の学習効果が得られるようになっています。

CHAPTER **1** TOEFLリスニング問題　傾向と対策

TOEFL リスニング問題の設問形式や，傾向と対策，そしてパソコン画面についてそれぞれ解説してあります。まずはここを読み，リスニングの概要を知ることから始めましょう。

CHAPTER **2** 基礎学習

15 のステップを 1 つ 1 つ進めていくことで，リスニングの基礎学習が完成するようになっています。すべて終わったときには，リスニングの力が確実に身に付いているはずです。なお，Exercise は実際の試験より短くなっています。

CHAPTER **3**　実戦練習

CHAPTER 2 で基礎的な力をつけた後
は，実戦形式の練習を重ねて，さらに力
を伸ばしましょう。

CHAPTER **4**　Final Test

最後に，実際の試験形式の問題を2セッ
ト解き，ここまでに自分が身に付けた力
を確認しましょう。自分の得意なこと，
苦手なことを認識し，必要があれば前に
戻って復習をして，試験の準備を万端に
しておきましょう。

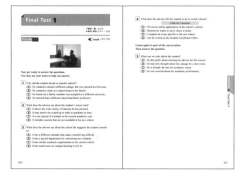

Web特典について

1 Web模試

▶ **内容**

本物の TOEFL iBT に近い操作感で，本書に収録された Final Test を受験できます。**TOEFL iBT は PC で行われる試験ですから，事前に試験を PC 上で体験しておくことは必須といえます。ぜひご利用ください。**

▶ **利用方法**

❶ パソコンから下記URL にアクセスしてください。
https://ttds.obunsha.co.jp/

❷ 「旺文社のWeb特典を利用する」から，「Web模試」を選択してください。

❸ 初めてアクセスした際，メールアドレスによって新しくアカウントを登録するか，またはお持ちのSNSアカウントでログインすることができます。新しくアカウントを作成する場合は，「新規アカウント作成」ボタンをクリックし，画面の指示に従ってください。

❹ 表示された「学習メニュー」最下部にある「新規模試追加」ボタンをクリックし，新規教材登録をしてください。画面の指示に従い，以下の模試受験コードを入力し，「送信」ボタンをクリックしてください。

模試受験コード：9537

❺ 画面の指示に従って「学習メニュー」に戻ると，「学習コース」に模試が追加されています。受験したい模試の「START」ボタンをクリックし，模試を開始してください。

▶ **推奨動作環境**

対応OS：Windows OS および Mac OS
※スマートフォンやiPad等ではご利用いただけません。

ブラウザ：［Windows OSの場合］最新バージョンのEdge, Google Chrome
およびFirefox

［Mac OSの場合］最新バージョンの Google Chrome, Firefox
およびSafari
※ただしSafariでは録音機能をご利用いただけません。

インターネット環境：ブロードバンド
画面解像度：1024×768 以上

▶ **注意**

- ●ご利用のパソコンの動作や使用方法に関するご質問は，各メーカーまたは販売店様にお問い合わせください。
- ●このWeb模試サービスの使用により生じた，いかなる事態にも一切責任は負いかねます。
- ●本サービスは予告なく終了することがあります。
- ●Web模試サービスに関してお困りの点がありましたら，Web模試サイト内よりお問い合わせください。

2 PC用ダウンロードコンテンツ

▶ **内容**

- ●本書の音声　※音声を聞く方法はダウンロード以外にもあります。p.10をご覧ください。

▶ **利用方法**

❶ p.8の「利用方法」の❷で「旺文社のWeb特典を利用する」から，「音声などのダウンロード」を選択し，本書をクリックしてください。

❷ 画面の指示に従って下記パスワードを入力し，ログインしてください。

> **パスワード：ksmf2023**　（※すべて半角，アルファベットは小文字）

❸ 利用したいコンテンツの「ダウンロード」ボタンをクリックし，ダウンロードしてください。

❹ ダウンロードしたファイルはZIPファイル形式で圧縮されています。ファイルを展開［解凍］して，コンテンツをご利用ください。パソコン以外の機器には対応していません。

▶ **注意**

- ●音声はMP3ファイル形式となっています。ご利用の際にはMP3を再生できる機器・ソフトウェアが必要です。
- ●ご使用機器，音声再生ソフトなどに関する技術的なご質問は，ハードメーカーもしくはソフトメーカーにお願いいたします。
- ●本サービスは予告なく終了することがあります。

音声について

本書に付属の音声は，以下 2 つの形のいずれかでご利用いただけます。Web模試 (p.8 参照) をご利用いただく場合は，音声は自動的に流れます。

旺文社リスニングアプリ「英語の友」（iOS/Android）

❶ 「英語の友」公式サイトより，アプリをインストールしてください。

https://eigonotomo.com/

❷ アプリ内のライブラリより本書を選び，「追加」ボタンを押してください。

※本アプリの機能の一部は有料ですが，本書の音声は無料でお聞きいただけます。
※アプリの詳しいご利用方法は「英語の友」公式サイト，あるいはアプリ内のヘルプをご参照ください。
※本サービスは予告なく終了することがあります。

MP3 ファイルのダウンロード

前ページ「Web特典について」の 2 PC用ダウンロードコンテンツ をご覧ください。

▶ 音声の構成

トラック番号	内容
1-86	CHAPTER 2
87-146	CHAPTER 3
147-179	CHAPTER 4 Final Test 1
180-212	CHAPTER 4 Final Test 2

▶ 音声の利用法

● 各設問の後に目安として 30 秒の解答時間が設けられています。実際の試験では，1 問ごとでなくパート全体で解答時間が与えられており，1 問あたり平均すると約 35 秒です。

留学準備をはじめよう！

　留学には，いくつも方法があります。大学生で，所属している大学に留学関係の部署がある場合は，まずそこに相談しましょう。交換留学や語学研修のプログラムがあれば，申し込み方法を詳しく教えてもらえます。そういった環境がない場合には，書籍やインターネットを通じて自分で情報収集をしたり，日米教育委員会や British Council といった公的機関，留学予備校などに相談したりするとよいでしょう。英語力の向上をメインとした語学留学には高い語学力は求められませんが，大学への入学や MBA 取得などを目指す場合は，SAT, GMAT といった他の試験のスコアも必要で，出願書類の作成にも時間がかかります。

　留学を目指すにあたり，まずは必要なスコアを提出しなければならない時期を確認して，それに間に合うように TOEFL テストを受験する計画を立てましょう。計画の立て方も人それぞれですので，以下の２例を参考にしてください。

Aさん　行きたい大学のスコアが高い！

　Aさんは必要なスコアが 100 点と高いので，十分な準備が必要と考え，１年間の準備期間を設定しました。また，１回で必要なスコアが取れない場合を考慮して，２～３回受験する前提で，できるだけ早めに学習を進めるようにしました。

　まず問題を解いてみて現在の自分の実力を確認し，もう少し語彙力があればより余裕を持って解くことができると考えたので，早い段階で語彙対策を始めました。各セクションの対策では，不安のあるライティングに特に注力しましたが，それ以外のセクションも，できるだけ時間をかけて取り組みました。

　１回目では苦手なライティングが足を引っ張り，わずかに 100 点に届かず悔しい思いをしましたが，２回目では対策のかいもあって無事に 100 点を取ることができ，希望の大学に留学することができました。

Bさん　行きたい大学は１つだけではない！

　Bさんはいくつか行きたい大学の候補があり，80 点で行ける大学もあれば，100 点を取らないと行けない大学もありました。大学生活が忙しかったこともあり，無理に 100 点を目指さず，期間は半年間に絞って対策をしました。

　まず試験を解いてみて，80 点まではあと少しだと感じたので，得意なリーディングをさらに伸ばすことに特に注力しました。苦手なリスニングやスピーキングは，可能な範囲で学習し，当初よりも少しだけスコアを上げることができたので，それでよしとしました。

　時間的に余裕がなくて１回しか受験ができず，100 点は取れませんでしたが，80 点はなんとか超えることができました。80 点で行ける大学にも行きたい気持ちは強かったので，そこへ留学することができて，満足でした。

■ TOEFL® テスト Information

※すべて 2024 年 5 月現在の情報です。最新の情報は p.13 にある TOEFL® テスト公式ウェブサイト等でご確認ください。また，旺文社 TOEFL テスト大戦略シリーズのウェブサイト（p.8 参照）でも，試験の情報や申し込み方法を掲載していますのでご確認ください。

TOEFL テストとは？

TOEFL テストとは，主に北米，イギリス，オーストラリアなど英語圏をはじめとして世界中の大学・機関で活用されている，英語を母語としない人を対象に実施される英語能力試験のことです。この試験は，アメリカの非営利教育機関である ETS によって運営されています。日本では主に 2006 年 7 月より導入された TOEFL iBT® テストが実施されています。

TOEFL iBT テストの構成

TOEFL iBT テストの構成は以下のようになっています。

Reading	2 パッセージ	35 分
Listening	2 会話／3 講義	36 分
Speaking	4 問	16 分
Writing	2 問	29 分

※ 2023 年 7 月 26 日から問題数・時間が上記のとおり変更

TOEFL iBT テストのスコア

スコアの配点は，右の表のようになっています。スコアは ETS 公式サイト上で確認でき，希望者には印刷されたスコアが後日 ETS より送付されます。なお，TOEFL テストのスコアは受験日から 2 年間有効とされています。

セクション	配点
Reading	0-30
Listening	0-30
Speaking	0-30
Writing	0-30
TOTAL	0-120

受験料

US$245　※試験直前の申し込みでは追加料金がかかります。

申し込み方法

まずは以下の ETS Japan または ETS の TOEFL テスト公式ウェブサイトにアクセスし，試験の最新情報を確認した上で，ETS の TOEFL テスト公式ウェブサイトから申し込みましょう。

■ TOEFL iBTテスト全般の情報について
ETS Japan合同会社　TOEFLテスト日本事務局
https://www.toefl-ibt.jp/

■ ETSによるTOEFLテスト公式ウェブサイト
https://www.ets.org/toefl/

■ ETSアカウント新規作成・ログイン
受験申し込み，テスト日程・会場，空席の検索，無料のテスト対策教材，受験後のスコア確認，スコア送付依頼
https://www.ets.org/mytoefl/

■ TOEFL iBTテストに関するお問い合わせ
プロメトリック株式会社 RRC 予約センター
http://www.prometric-jp.com/

その他の受験形式

■ 自宅受験 TOEFL iBT® テスト「TOEFL iBT® Home Edition」
2020 年 4 月より，自宅受験 TOEFL iBT Home Edition が始まりました。自宅の慣れた環境で受験できるメリットがありますが，使用機器や環境などに制約があります。留学を希望する大学がこの試験を受け入れている場合は，公式サイト等で詳細を確認した上で，受験を検討するとよいでしょう。

■ 自宅受験 TOEFL® Essentials™ テスト
2021 年 8 月より，TOEFL Essentials テストという新しい試験が始まりました。自宅受験のみ行われます。アカデミックな内容だけでなく日常生活の内容が出題されるなど TOEFL iBT テストとは試験内容が異なり，より短い時間で試験が終了します。留学を希望する大学がこの試験を受け入れている場合は，公式サイト等で詳細を確認した上で，受験を検討するとよいでしょう。

CHAPTER 1

TOEFLリスニング問題
傾向と対策

TOEFLリスニング問題　傾向と対策

1 まずは基本のリスニング力を身に付けよう！

　CHAPTER 3 の実戦練習や，CHAPTER 4 の Final Test を見ても分かる通り，TOEFL リスニング問題は，リーディング素材としても決して簡単な問題ではありません。会話の流れや講義の論理展開を正確に把握し，記憶する力が必要となります。

　とは言ってもやはり，TOEFL リスニング問題攻略の第 1 歩は「基本のリスニング力」にあります。TOEFL リスニングで困っている人の大半は，TOEFL リスニング対策以前に基本のリスニング力不足で困っているのです。

　ここではまず，リスニングの基礎を身に付ける方法を示し，続いて TOEFL リスニング問題の対策を考えていきます。

2 リスニングの基礎力をつける2つのステップ

　外国語のリスニング学習の基礎は，大きく分けて 2 つのステップがあります。

・Speech Perception (音声知覚)

　これは，例えば l と r のように日本語にはない 2 つの音を識別したり，weərjəgouiŋ という音声の塊から where, are, you, going の 4 つの意味のある音に切り分けたりすることです。

・Listening Comprehension (音声の意味理解)

　これは，音声知覚によって切り分けたそれぞれの音の意味を処理し，文全体の意味を理解することです。音の意味処理は，句や語，3 語程度の文であれば分析的に行うことも可能ですが，それを超えた連続的な量となると，直感的に（自動的に）理解していかなければ間に合いません。これには，耳で聞いて理解できるレベルの英文の意味を取る練習を重ねて，自動的に理解できる分量を増やす必要があります。

　基礎である Speech Perception ができていないと，Listening Comprehension のプラクティスにも入っていけませんし，模擬問題などを使った実力養成でもほとんど効果が上がりません。他のセクションでも同じですが，リスニングは基礎から順に積み上げていかなければ力をつけていくことはできないのです。

　それでは，この2つのステップをクリアするためのプラクティスを見てみましょう。

❶ ディクテーション（Dictation，書き取り）

　ディクテーションはリスニング力を養うための最初の1歩であり，その後のリスニング学習を支えます。

　高校卒業程度の英語力のある人なら，3語の聞き取りは約50％の人ができますが，その倍の6語になると9％以下になってしまうという実験結果があります。しかし集中的に1か月間ディクテーションを続けると，たいていの人が6語程度なら聞き取れるようになっているのです。ディクテーションは Speech Perception 力養成の有効な学習法となり，また，Listening Comprehension の基礎的なプラクティスにもなるのです。ディクテーションの具体的な効果としては，以下のようなものがあります。

　　・文字と音声の関係に対して今までの意識が変わってくる
　　・聞き取りに必要な神経の集中が可能になる
　　・短い文レベルではあるが，音から意味を推測する習慣がつく
　　・短い文レベルではあるが，細部から文全体を推測できるだけでなく，文全体からも細部が推測できるようになる

　このように，音声の聞き取りを確実にしていくとともに，文法の知識や一般常識から細部の音の推測が可能になり，リスニング学習に伴って生じるさまざまな問題の対処法をディクテーションによって身に付けることができます。

　実際のディクテーションの方法は CHAPTER 2 の STEP 2（p.34）で説明します。あまりにも難しいようだったら，最初は1文単位で，少しずつ単位を長くしていっても構いません。また，STEP 2 だけではなく，STEP 3 以降の Exercise でもディクテーションをしてみましょう。

❷ レペティション（Repetition，反復）

　リスニング理解に重要な役割を果たすのは記憶です。聞き取りが長くなればなるほど，意味の流れについていくために表現された内容を記憶しなければならない，と言われることもあるように，音声の意味を理解し，それをリテンション（Retention，記憶保持）する能力が，リスニング力なのです。このリテンション力をつけるために有効な方法の１つが，シャドウイングと呼ばれるレペティション（Repetition，反復）です。

　まず，スクリプトを見ながら音声を聞き，意味と音の確認をします。その後，スクリプトを見ないで音声を聞きながら１テンポ遅らせてリピートし，内容・発音ともにスムーズに口をついて出るようになるまで繰り返します。

　これは日本人受験者が最も不安を感じていると思われるスピーキングの勉強にも効果的です。本書のプラクティスと並行して，例えば，５分間のニュースを飛び飛びでも構いませんので，数センテンスをレペティションするようにするとよいでしょう。これを毎回続けているうちに，センテンスが徐々につながっていくはずです。

TIPS

　英文の流れ（構成）の特徴をつかんでおくことで，記憶力の負荷を和らげ，記憶を増強できるでしょう。

　例えば，英語では重要なことは，始めの方に出てくることが多いです。これは全体の論理構成だけではなく，文単位でも同じです。ですので，始めの方に意識を集中させることにより，より効果的に内容全体の記憶保持がしやすくなります。

　また，並列構文や相関接続詞などを覚えることで，次にどのような内容が続くのか予想できるようになります。例えば，not only A but also B という相関接続詞を覚えていれば，not only size と聞いたら，後に but also ○○という形で，size と対応する何かが続くと予想することができます。このようなことを意識して聞く練習をしていれば，テストで，注意を全体にわたり過度に集中しなくて済みます。

3 TOEFL リスニング問題の対策

① 会話（Conversation）のストラテジー

・10 語程度のディクテーション

　TOEFLでは 2 ～ 3 つの Conversation が出題されます。対話を正確に記憶しておく必要はありませんが，1 対話ごとの理解には文レベルでの記憶保持が不可欠です。10 語程度のディクテーションができるようにしておきましょう。

・アメリカの学生生活に関する知識の習得
・頻度の高い句動詞，イディオムの習得

　会話では音声の聞き取りや理解よりもむしろ，研究室や事務室・医務室での会話など学内での会話で取り上げられるアメリカの学生生活に関する知識を持つこと，頻繁に使用される表現・語彙などを耳から入れるプラクティスを行うことが重要です。

・提示された写真と，聞き取った語から対話の状況を把握・推測

　提示された写真や，聞き取った語から対話の状況を把握し，推測することで，より聞き取りやすくなります。

　また，言いよどみ，言い直しなどが随所に入ってきますが，音声が不明瞭と感じられる箇所はあまり意味を持たないところですから，惑わされないようにしましょう。

❷ 講義（教授1人が話す形式，ディスカッション形式）のストラテジー

・科目名，科目に関する語彙の習得

　講義では，まず事前に科目名と科目に関連する語彙を学習しておく必要があります。講義科目のタイトルは一般的ですので難しくありませんが，出題される語彙は学術用語まで含まれますので，学習しておくとリスニングの役に立ちます。

・高校卒業程度の読解問題を一度で理解できる基礎力の養成

　講義はリーディングの題材としても決して易しくはありません。速い英文の音声を読み返しなしで理解できるだけの基礎力が必要です。これを克服するには，まずリーディングのプラクティスの段階で，英文を前から順次，句，節，または文ごとに，アイディアの単位となるもの（Main Idea）を把握しながら理解するという処理を行っていく練習をしなければなりません。実際のプラクティスでは，英文のスクリプトを音声と同じスピードで追い，意味を把握するようにします。これは講義などの長文の Listening Comprehension に入る前の段階で不可欠なプラクティスです。

・タイトルや冒頭のナレーションから内容を推測
・提示された写真や黒板のキーワードなど，視覚情報と関連付けた内容の聞き取り
・段落の Main Idea を把握
・接続詞など，文接続から文の流れを予測

　次に，長文聞き取りの重要な要素として「予測」があります。文を聞きながら，次にどのようなことが述べられるのか，論の展開はどうなるのか，などの予測ができれば長文を楽に聞き取れるようになります。その際に重要なカギとなるのが文と文，段落と段落をつなぐ接続詞などの文接続です。講義のタイトル，写真などの視覚情報も，内容の予測に役立ちますので大いに活用しましょう。また，ディスカッションの中で教員が学生に質問する内容は注意して聞き取る必要があります。これを聞き逃すと講義の流れを理解するのが難しくなる可能性があります。

・ノート・テイキングを身に付ける

　TOEFLではノート・テイキングが許されています。ノートは流れた英文の記憶をたどるための強力な tool になります。ノート・テイキングがうまくできるかどうかに TOEFL の結果が大きく左右されるだけではなく，実際に大学で講義を受ける際にも不可欠です。ノート・テイキングについては CHAPTER 2 の STEP 4 (p.46) で詳しく説明します。また，実戦練習ではノートに取りたい箇所も明示しますので，参考にしてください。

リスニング問題操作方法

以下は実際の試験における操作方法です。本書で利用できる Web 模試も同様で，掲載している画像は Web 模試のものです。

❶ リスニング

　会話や講義の行われている写真が表示され，音声が流れます（講義を扱う問題の初めには，この前に，画面に英文でテーマが表示されます）。画面の右上にテストを通しての制限時間が表示されますが，音声が流れている間はカウントされません。音声は一度しか流れません（ただし，音声の一部をもう一度聞いてから解答する設問もあります。その場合は指示があります）。

❷ 四肢選択問題

　４つの選択肢の中から正しいものを選ぶ問題です。質問と選択肢が表示され，質問が読まれるので，選択肢の ◯ をクリックして解答します。新たに別の選択肢の ◯ をクリックして解答を変更できます。選択問題では，４つの選択肢から１つを選ぶ問題がほとんどですが，４つ以上の選択肢から２つ以上を選ぶ設問もあります。その場合は指示があります。解答を選択し， NEXT をクリックすると前の問題には戻れません。

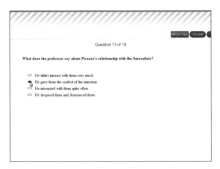

❸ その他の形式の問題

　選択肢ごとに Yes か No かを解答する問題では，空欄をクリックしてチェックマークを表示することで解答します。もう一方の解答の空欄をクリックすると解答を変更できます。

　選択肢をドラッグして解答するタイプの問題では，適切と思われる選択肢を解答欄へドラッグして解答します。

❹ キーワードの表示

　講義の中で重要なキーワードが話された場合，右の画面のようにスペリングが表示されます。

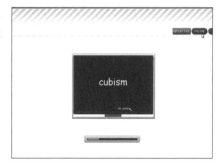

※画像はすべて，実際の画面とは異なることがあります。

その他の注意点

最後に，受験を検討する上で知っておくべき点をいくつか確認しておきましょう。

1 MyBest スコア

2019 年 8 月から，各回のスコアの他に「MyBest スコア」と呼ばれるスコアも成績に表示されるようになりました。これは，過去 2 年以内に複数回受験した場合，そのうちの 1 回だけを利用するのではなく，セクションごとに一番良かった回を組み合わせることができる，という制度です。以下の例を見てみましょう。

	1 回目の受験	2 回目の受験	MyBest スコア
リーディング	**25**	20	**25**
リスニング	20	**22**	**22**
スピーキング	15	**18**	**18**
ライティング	20	**22**	**22**
合計	80	82	**87**

過去に複数回受験したうちの 1 回しかスコアを提出できないのであれば，合計スコアが一番高い 2 回目を提出することになりますが，2 回目よりも良かった 1 回目のリーディングのスコアは活用できません。

一方，MyBest スコアを利用すれば，リーディングは一番良かった 1 回目，それ以外は一番良かった 2 回目のスコアを利用して，合計 87 点とすることができます。

ただし，この MyBest スコアを利用できるかどうかは留学先の大学などの判断によります。利用できるかどうか，必ず確認してから提出するようにしましょう。

2 TOEFL iBT Home Edition

　TOEFL iBT テストでは，会場で受験する形に加えて，自宅でも受験することが可能です。TOEFL iBT Home Edition と呼ばれています。

　出題形式は会場受験と全く同じです。感染症予防などのために外出を避けることができるだけでなく，自宅の慣れた環境で，周囲から聞こえるスピーキングの声に惑わされずに受験できるというメリットがあります。受験の際は，会場受験と同じく ETS の公式サイトから申し込みます。

　ただし，いくつか注意すべき点があります。まず，留学先の大学などが Home Edition のスコアを受け入れていない場合があります。スコアが受け入れられているか，必ず確認してから受験をしましょう。

　また，使用できる機器や受験環境に制約があるので，必ず事前に TOEFL テスト公式サイト等を確認しましょう。例えば，会場受験では紙に鉛筆でメモを取りますが，自宅受験ではそれができず，メモに使えるものが決まっています。机や服装などにも制約があります。

　最後に，インターネットを使用するという性質上，技術的なトラブルなどが起こることがあります。場合によっては，試験中に試験監督者とやり取りすることになったり，試験が中止になってしまったりする可能性もあります。そういったことも想定して，必要なスコアを提出する締め切りの直前に受験するのは避け，できるだけ余裕をもって受験するよう心がけましょう。

CHAPTER 2

基礎学習

学習目標

スペルと発音のギャップを理解する。

ポイント

　　読み書きを中心に英語を学習してきた人の中には，自分流の発音で英語を読む癖がついてしまっている人が多くいます。said を "セイド"，stir を "スティア"，debt を "デブト" と読んでしまっていないでしょうか。また，energy を "エネルギー" と読むなど，カタカナ語に影響される場合もあります。このような癖がついてしまっていると，ネイティブの英語を聞き取れず，リスニングの問題にも対応できなくなってしまいます。

　　こうした問題を解決するには，音声教材などでスペルと音声の確認をし，実際に発音してみる必要があります。英語を黙読するときも，正しい発音をイメージしながら読むよう習慣づけるとよいでしょう。

　　以下に，特に注意したいポイントを挙げておきます。

1. l と r，b と v など，日本人には識別が難しい音を含む語の聞き取り

2. カタカナ語と元の英語との発音・意味の違い

　　例えば，cunning を "カンニング" と読んでしまいがちですが，英語の発音は "カニン" に近く，意味は「狡猾な」です。いわゆる不正行為という意味の「カンニング」は英語では cheating です。

3. 否定形の聞き取り

　　例えば，can と can't，must と mustn't などは /t/ の聞き取りが重要です。

4. リダクション（音の脱落・弱化）による音の変化

　　I want to が I wanna のように，短縮されることがあります。

5. ウィークフォーム（weak form）

　　冠詞，前置詞，すでに話題に出ているものを指す代名詞などにはアクセントが置かれず，小さく発音されたり，短縮されたりします。「（無料の）スプーンはありますか」という質問に対して，We sell them.「売っている（ものならある）」と答える場合，them はほとんど m しか発音されず，"ウィセゥエム" のように聞こえます。

Now get ready to answer the questions.
You may use your notes to help you answer.

1 Why does the student go to the financial office?
- Ⓐ To do research for one of his classes
- Ⓑ To find out ways to improve his grades
- Ⓒ To assist a teacher in his department
- Ⓓ To ask how to apply for money to go to school

2 When was the closing date for grant applications?
- Ⓐ Yesterday
- Ⓑ The previous month
- Ⓒ Two months ago
- Ⓓ The previous year

3 What type of financial assistance will the student most likely apply for?
- Ⓐ A scholarship
- Ⓑ Prize money
- Ⓒ A personal bank loan
- Ⓓ A government loan

Listen again to part of the conversation.
Then answer the question.

4 Why does the staff member ask the student this question?
- Ⓐ To see if he is eligible for a scholarship
- Ⓑ To find out when he has to repay his loan
- Ⓒ To see if he has a valid student ID card
- Ⓓ To find out exactly what he wants

CHAPTER 2   STEP 1

スクリプト

Listen to part of a conversation between a student and a staff member in a financial office.

Staff: Hi, how can I help you?

Student: **1** I'd like to find out[Ⓐ] how to apply for financial aid.

Staff: What did you have in mind?

Student: Well, first of all,Ⓑ what are the options?

Staff: Have you thought about a scholarship? **Scholarships are the best because you don't have to pay them back. What's your GPA?**

Student: My what?

Staff: Your grade point average.Ⓒ

Student: Oh, it's a strong C, about 2.7, I think.

Staff: **4** You'll need better than that for a scholarship. **2** Oh, and the cutoff date for applications on grants available to all departments was last month. I think a loan is your only option.

Student: **3-1** Where can I get the lowest interest rates?

Staff: Well, **3-2** if you qualify for a U.S. Government loan, it's only 3 percent beginning a year after you graduate.

Student: **3-3** I'll try to apply for it.

音声聞き取りのポイント

Ⓐ find out：下線部は1音になり，最後の /t/ はウィークフォームなのでほとんど聞こえないため，"ファインダウ" のように聞こえる。

Ⓑ first of all：Ⓐ同様に下線部は1音となり，"ファース**タバ**ウ" と聞こえる。

Ⓒ average：下線部の発音は，"イジ" となる。

スクリプトの訳

学生と（大学の）財務会計課の職員との会話の一部を聞きなさい。

職員：こんにちは，ご用件は何ですか。

学生：学資援助の申込方法を知りたいのですが。

職員：どのような種類のものをお考えですか。

学生：そうですね，まずどのようなものがありますか。

職員：奨学金について考えたことはありますか。奨学金が一番です，返済しなくてもいいですからね。あなたのGPAはどのくらいですか。

学生：私の何ですか。

職員：あなたの成績平均点です。

学生：ああ，Cの上です。たぶん2.7くらいだと思います。

職員：奨学金にはそれより良い成績が必要です。あら，それに，すべての学部の奨学金申込締め切り日は，先月でした。選択肢はローンしかないと思います。

学生：利息が一番低いものはどれですか。

職員：そうですね，米国政府ローンに申し込む資格があるならば，返済は卒業の1年後に始まって，利子はたった3％ですよ。

学生：それに申し込んでみようと思います。

---

1 正解 （D）

　訳 学生はなぜ財務会計課へ来ているのか。

　Ⓐ 彼の受けている授業の1つのリサーチのため

　Ⓑ 彼の成績を向上させる方法を見つけるため

　Ⓒ 彼の所属する学部教員の手伝いをするため

　Ⓓ 学資の申し込み方を尋ねるため

　解説 下線部**1**より，正解は Ⓓ「学資の申し込み方を尋ねるため」と分かる。financial aid が選択肢では money to go to school と言い換えられている。

---

2 正解 （B）

　訳 奨学金の申込の締め切り日はいつだったか。

　Ⓐ 昨日

　Ⓑ 先月

　Ⓒ 2か月前

　Ⓓ 前年

　解説 下線部**2**で cutoff date「締め切り日」は last month だったと言っているので，正解は Ⓑ「先月」。cutoff date が質問では closing date と言い換えられている。

3 正解 ⓓ

> **訳** 学生はどの種類の学資援助に申し込むと思われるか。
> Ⓐ 奨学金
> Ⓑ 賞金
> Ⓒ 個人の銀行ローン
> Ⓓ 政府ローン

> **解説** 下線部 **3-1** で学生が「利息が一番低いものはどれか」と尋ね，下線部 **3-2** で職員が「米国政府ローンに申し込む資格があるならば」と前置きをした上で，政府ローンの説明をしている。それに対して学生は下線部 **3-3** で「それに申し込んでみようと思う」と言っているので，学生は Ⓓ「政府ローン」に申し込むと考えられる。

会話の一部をもう一度聞き，質問に答えなさい。（スクリプト太字部分参照）

4 正解 Ⓐ

> **訳** なぜ職員は学生にこの質問をしているのか。
> Ⓐ 彼に奨学金を申し込む資格があるか確かめるため
> Ⓑ 彼がいつローンを返済しなくてはならないかを知るため
> Ⓒ 彼が有効な学生証を持っているか確かめるため
> Ⓓ 彼が何を望んでいるかを正確に知るため

> **解説** 奨学金を勧めた上で GPA を聞いていることから，奨学金を受けるための資格に関わることが推測できる。また，学生が GPA を答えた後，下線部 **4** で「奨学金にはそれより良い成績が必要だ」と言っているので，学生が奨学金を受けられるだけの成績を取っているかを確認しようとしたことが分かる。

TIPS

コミュニケーションをスムーズに進めるために必要な「ディスコースマーカー」と呼ばれるものがあります。このディスコースマーカーは，聞き手や読み手が話や文章の流れをより良く理解するためのサインとなります。このマーカーはリスニングの場合，話し手の発話の意図や，発話の連続性—これまでの話とこれからの話との間の意味的連続性—を示すヒントですので，このマーカーに注意していれば，次に話される内容を予測しながら聞くことができます。

よく使用されるディスコースマーカーを覚えておくとよいでしょう。

●つなぎ，相槌，強調

　well（えーと），that's right（その通り），definitely（間違いなく）

　例：Well, let's take your temperature and see how that is, shall we?

　　　「えー，では体温を測って（どのくらい熱があるか）みましょうか」

●話題の転換

　by the way（ところで），listen（聞きなさい），now（では）

　例：By the way, do you have any allergies to medicines that you know of?

　　　「ところで，知っている範囲で何か薬に対するアレルギーはありますか」

●逆接，反論

　however（しかしながら），but（しかし），on the contrary（反対に）

　例：However, chimps and human brains differ in size and anatomy.

　　　「しかし，チンパンジーと人間は，脳の大きさと構造において異なっている」

「言い換え，詳細，追加」「理由，結果」「列挙，対比」のディスコースマーカーはp.39 をご覧ください。

STEP 2 ディクテーション

学習目標

音声を聞く集中力を身に付ける。

ポイント

　日本で生活している英語学習者の多くは，日常生活の中で英語を聞いたり話したりする機会があまりないと思います。そのため，リスニングを本格的に学習し始めると多くの困難にぶつかってしまいます。STEP 1 で学習したスペルと発音のギャップ以上に困るのは，「聞いているときは一語一語理解できたように感じているが，聞き終わった後に内容をほとんどつかめていないことに気付く」，「集中して聞き続けることができず，大事な文を聞き逃してしまう」という問題です。

　英文を聞き取るためには，細心の注意を払い，神経を集中して聞くことが大切ですが，実際にやってみるとなかなかうまくいかないことが分かります。集中力を養うための最も効果的な方法は，ディクテーション (dictation，書き取り) です。聞いた英文をそのまま書き取らなくてはならないので，必然的に集中して聞く訓練になるのです。

　ディクテーションの練習は，以下の手順で行います。

1. 5 ～ 10 センテンスを 1 単位とする。1 センテンスを聞き，音声を止め，聞き取った内容を書き取るという作業を，最後のセンテンスまで繰り返す。

　　注意点：1センテンスの途中で音声を止めないこと。

　　　　　　正誤のチェックは行わず，その単位の最後までディクテーションを終えること。

2. 1 単位を聞き終わったら，1 回目に聞き取れなかったところに注意しながらもう一度聞き，書き取る。

　　注意点：この時点ではまだ，スクリプトを見ないこと。

3. スクリプトをチェックする。2 回聞いても分からなかったところ，間違えたところを確認する。その箇所に注意しながらもう一度音声を聞き，それが自分の耳にはどのように聞こえていたかを確かめる。

　ではまず，Exercise を解いてみましょう。解き終わったら，解答をチェックしても構いませんが，スクリプトと解説は読まないでください。

　次に，Exercise の音声を使用し，上記で述べた方法に従って，ディクテーションをしてください。

 **xercise**

Now get ready to answer the questions.
You may use your notes to help you answer.

1 What is the woman's major field of study?
- (A) Psychology
- (B) Cognitive psychology
- (C) Sociology
- (D) Social psychology

2 What is the woman concerned about?
- (A) Whether the man can finish the assignment by the due date
- (B) Whether the man can take some psychology courses next term
- (C) Whether she will have to do her paper again
- (D) Whether the professor will let her hand in her paper late

3 What will the woman probably do next?
- (A) Submit her paper
- (B) Talk with the professor
- (C) Finish her paper
- (D) Ask the man to go to see the professor with her

Listen again to part of the conversation.
Then answer the question.

4 What does the man mean by this statement?
- (A) He thought she was busy doing her assignment.
- (B) He thought she earned all of her required credits.
- (C) He did not think she was a sociology major.
- (D) He did not think she was a psychology major.

スクリプト

Listen to part of a conversation between two students about their classes.

Woman: Hello, Tom. How do you like our class in cognitive psychology[A] so far?

Man: It's OK. **I didn't expect to see you there though.** Are you also majoring in psychology?

Woman: No. **1** My major is sociology, but I'm taking some psychology courses to fulfill a requirement for my psychology minor. I'm also going to take personality psychology and social psychology next term.

Man: Were you able to finish our first assignment?

Woman: Well, I finished it, but I wasn't able to turn it in[B] by the time mentioned by Professor Martin. I'll have to talk with him about it.

Man: **2-1** Do you think you'll be able to convince him to accept it?

Woman: **2-2** I'm not sure. **3** But I have to try.

Man: Good luck!

Woman: Thanks. I'll need it![C]

音声聞き取りのポイント

Ⓐ our class in cognitive psychology：cognitive psychology は「認知心理学」。大学の科目に関する語は TOEFL では必須である。ここでの in はウィークフォーム。

Ⓑ wasn't able to turn it in：下線部 it はウィークフォーム。turn in は「提出する」。submit と同じ意味。

Ⓒ Thanks. I'll need it!：試験前などに Good luck! と言われたときに使う表現。自信がなく、「それ（幸運）に頼るしかない」という気持ちを表している。

スクリプトの訳

講義に関する2人の学生の会話の一部を聞きなさい。

女性：あら，トム。認知心理学のクラスは今のところどう？

男性：まあまあだね。あそこで君に会うとは思ってもいなかったけどね。君も心理学を専攻しているの？

女性：いいえ，私の専攻は社会学だけど，副専攻の心理学に必要な要件を満たすため心理学の講義をいくつか取っているの。来学期には人格心理学や社会心理学も履修する予定よ。

男性：最初の課題は提出できた？

女性：そうね，終わらせたのだけれど，マーティン教授が指定した時間までに提出できなかったの。それに関しては教授と話さなければならないわ。

男性：教授がそれを受け取ってくれるよう，説得できると思う？

女性：分からないけど，やってみるしかないわ。

男性：幸運を祈るよ！

女性：ありがとう。私には幸運が必要ね！

---

1 正解 Ⓒ

> **訳** 女性の専攻分野は何か。

Ⓐ 心理学

Ⓑ 認知心理学

Ⓒ 社会学

Ⓓ 社会心理学

解説 下線部 **1** より，正解は Ⓒ「社会学」。先に出てくるのは cognitive psychology や psychology だが，それにつられて Ⓐ や Ⓑ を選ばないようにしよう。

---

2 正解 Ⓓ

> **訳** 女性は何を気にしているか。

Ⓐ 男性が期日までに宿題を終えることができるか

Ⓑ 男性が来学期にいくつかの心理学の講義を取れるか

Ⓒ 彼女はレポートをまた書き直さなければならないか

Ⓓ 彼女が遅れてレポートを提出することを，教授が許してくれるか

解説 女性は，課題は仕上げたが期限までに提出できなかったので，教授と話さなくてはならないが，下線部 **2-1** の「教授がそれを受け取ってくれるよう，説得できると思うか」という男性の質問に対し，下線部 **2-2** で「分からない」と答えている。正解は Ⓓ「彼女が遅れてレポートを提出することを，教授が許してくれるか」。

3 正解 Ⓑ

訳 女性はおそらく次に何をするか。

Ⓐ レポートを提出する

Ⓑ 教授と話をする

Ⓒ レポートを終わらせる

Ⓓ 男性に，自分と一緒に教授に会いに行くようお願いする

解説 男性の「教授がそれを受け取ってくれるよう，説得できると思うか」という問いかけに対し，女性は下線部 **3** で But I have to try. 「でも，やってみるしかない」と答えている。したがって正解は，Ⓑ「教授と話をする」。

会話の一部をもう一度聞き，質問に答えなさい。（スクリプト太字部分参照）

4 正解 Ⓓ

訳 男性のこの発言は何を意味しているか。

Ⓐ 彼は，彼女は課題をするのに忙しいと思っていた。

Ⓑ 彼は，彼女は必要な単位をすべて取ったと思っていた。

Ⓒ 彼は，彼女が社会学専攻とは思っていなかった。

Ⓓ 彼は，彼女が心理学専攻とは思っていなかった。

解説 太字部分の there は our class in cognitive psychology を指している。この発言に続いて男性が「君も心理学を専攻しているの?」と聞いていることから，正解は Ⓓ「彼は，彼女が心理学専攻とは思っていなかった」。

TIPS

p.33 で説明した通り, ディスコースマーカーはリスニングでも重要です。ここでは, 「言い換え, 詳細, 追加」「理由, 結果」「列挙, 対比」のディスコースマーカーをチェックしましょう。

●言い換え, 詳細, 追加

in other words (言い換えれば), in addition (それに加えて),
furthermore (さらに)

例: In other words, a more advanced technology gives man control over more energy.

「言い換えれば, より進んだ技術により人間はより多くのエネルギーを制御できるようになる」

●理由, 結果

because (なぜなら), therefore (ゆえに), now that (〜なので)

例: Undoubtedly, the year of 1066 is the most important date in English history, because it was the year in which the Normans invaded England.

「間違いなく, 西暦 1066 年は英国の歴史上, 最も重要な年です, なぜなら, それはノルマン人が英国に侵略した年だからです」

●列挙, 対比

first [fisrtly], second [secondly] (第一に, 第二に),
the former, the latter (前者, 後者)

例: First, at a father's death all of his property went to the eldest son in Europe.

「第一に, ヨーロッパでは父親が亡くなると, その財産はすべて長男へと渡った」

記憶保持

学習目標

リスニング力向上のカギである記憶保持力を高め，リテンションできるチャンク（単位）を長くする訓練をする。

ポイント

　　リスニングとは，「発話者の音声を知覚する」→「その意味を理解して，発話の意図をとらえる」という一連の作業です。このときに不可欠なのは，知覚した音声の意味を理解するため，一時的に記憶を保持（retention, リテンション）しておくことです。

　　人間が知覚した情報を一時的に保持できるのは，5 ～ 9 チャンク程度だと言われています。チャンクとは，記憶する最小単位のことです。もし，ある人がシラブル（音節）をチャンクとして記憶しようとした場合，一度にリテンションできるのは 5 ～ 9 シラブルが限度となります。しかし訓練すれば，チャンクを語，句，節，あるいは文にすることもできます。例えば，すでに暗記しているストーリーであれば，それを 1 チャンクとしてとらえられますので，かなり長い文でもリテンションできることになるわけです。

　　自分にとっての 1 チャンクをより長くする方法はいくつかありますが，まずは，使用頻度の高い慣用句，句動詞，定型表現などを自然に口から出てくるまで練習し，暗記するのが効果的でしょう。例えば，do away with は 4 シラブル，3 単語ですが，これを abolish「〜を廃止する」と言い換えれば，全体を 1 チャンクとして処理できます。自分にとっての 1 チャンクをより長くし，リテンション力の向上を常に心がければ，リスニング力は大きく飛躍するはずです。

　　ではまず，Exercise を解いてみましょう。解き終わったら，解答をチェックしても構いませんが，スクリプトと解説は読まないでください。
　　続いて，以下の 2 ステップでリテンション・エクササイズを行います。
1. スクリプトに目を通し，節や文ごとの main idea を読み取ります。その後もう一度，Exercise の音声を流し，音声に合わせてスクリプトを目で追い，意味を取る練習をします。
2. 次に，スクリプトを見ず，音声だけを聞きながら，節や文の main idea を聞き取ってください。簡単にメモを取りながら行っても構いません。

Now get ready to answer the questions.
You may use your notes to help you answer.

1 What is the first step in linguistic research?
(A) To collect data
(B) To learn the language being researched
(C) To find people who speak minor languages
(D) To analyze facial expressions

2 Which of the following is NOT a source of material for a linguist?
(A) His or her own speech
(B) The speech of others who speak his or her language
(C) Social behavior
(D) Written records

3 What is a "speech community"?
(A) A body of people who speak foreign languages
(B) A group of people who speak the same language
(C) A society in which people speak various languages
(D) A group of linguists who conduct linguistic research

4 According to the professor, why are there minor variations in speech communities?

Click on 2 answers.

(A) Because of geographical and social factors
(B) Because of occupational factors
(C) Because of written records
(D) Because of the influence of foreign languages

41

Listen to part of a lecture in a linguistics class.

1 The first step in any linguistic research is the actual collection of the data, which will be subject to analysis and interpretation. **2** A linguist has four obvious sources of material: his or her own speech, the speech of others who speak his or her language, the speech of people who speak foreign languages, and written records. Every speaker or writer is the product and representative of **3** **4** a speech community, a group of people who speak the same language with more or less minor variations that are due to geographical, social, or occupational factors.

スクリプトの訳

言語学の講義の一部を聞きなさい。
言語学のあらゆる研究における最初のステップは，分析と解釈の対象となる実際のデータの収集である。言語学者には4つの明らかな情報源がある。それはつまり，自分自身の言葉づかい，自分と同じ言語を話す他の人の言葉づかい，外国語を話す人の言葉づかい，そして文書記録である。話す人や書く人は誰もが言語社会の産物であり，その代表者である。言語社会とは，地理的，社会的，あるいは職業的な要因により，程度の差こそあれ多少の差異がある，同じ言語を話す人々の集団のことである。

リテンション・エクササイズ

リテンションのエクササイズをするため，句，節，または文ごとに斜線で区切っています。色文字は，意味を理解するための main idea にあたります。その部分を1～2チャンクのかたまりととらえてリテンションする練習をしてみてください。

Listen to part of a lecture in a linguistics class.
The first step in any linguistic research / is the actual collection of the data, / which will be subject to analysis and interpretation. / A linguist has four obvious sources of material: / his or her own speech, / the speech of others who speak his or her language, / the speech of people who speak foreign languages, / and written records. / Every speaker or writer / is the product and representative of a speech community, / a group of people who speak the same language / with more or less minor variations / that are due to geographical, social, or occupational factors.

〈リテンション・エクササイズ用の訳〉
　英文の順序に沿って理解できるように訳しています。日本語としては不自然ですが，聞きながら理解する練習に役立ててください。

言語学の講義の一部を聞きなさい。
言語学のあらゆる研究における最初のステップは，／実際のデータの収集である／それは分析と解釈の対象となる。／言語学者には4つの明らかな情報源がある／つまり，自分自身の言葉づかい，／自分と同じ言語を話す他の人の言葉づかい，／外国語を話す人の言葉づかい，／そして文書記録である。／話す人や書く人は誰もが／言語社会の産物であり，その代表者である，／（言語社会とは）同じ言語を話す人々の集団である，／程度の差はあるが多少の差異がある，／（その差異は）地理的，社会的，あるいは職業的な要因によるものである。

　（3文目半ばの a speech community, a group of people のコンマは，同格を表しています。「a speech community すなわち a group of people who...」という意味です。）

1 正解 Ⓐ

> **訳** 言語学の研究における最初のステップは何か。
> Ⓐ データを集めること
> Ⓑ 調査している言語を学ぶこと
> Ⓒ 非主要言語を話す人を見つけること
> Ⓓ 表情を分析すること

> **解説** 下線部**1**より，正解は Ⓐ「データを集めること」。collection of the data が選択肢では collect data と言い換えられている。

2 正解 Ⓒ

> **訳** 次の中で言語学者にとって情報源とならないものはどれか。
> Ⓐ 自分自身の言葉づかい
> Ⓑ 自分と同じ言語を話す他の人の言葉づかい
> Ⓒ 社会的行動
> Ⓓ 文書記録

> **解説** 下線部**2**にて「自分自身の言葉づかい」，「自分と同じ言語を話す他の人の言葉づかい」，「外国語を話す人の言葉づかい」，「文書記録」が挙げられている。したがって，情報源とならないものは Ⓒ「社会的行動」。

3 正解 Ⓑ

> **訳** 「言語社会」とは何か。
> Ⓐ 外国語を話す人々の団体
> Ⓑ 同じ言語を話す人々の集団
> Ⓒ 種々の言語を話す人々がいる社会
> Ⓓ 言語学調査を行う言語学者の集団

> **解説** 下線部**3**で「(言語社会とは) 地理的，社会的，あるいは職業的な要因により，程度の差こそあれ多少の差異がある，同じ言語を話す人々の集団である」と言っているので，正解は Ⓑ 。

4 正解 Ⓐ Ⓑ

訳 教授によると，なぜ言語社会には多少の差異が存在するのか。

答えを2つクリックしなさい。

Ⓐ 地理的，社会的要因のため
Ⓑ 職業的要因のため
Ⓒ 文書記録のため
Ⓓ 外国語の影響のため

解説 下線部 **4** で「地理的」,「社会的」,「職業的」という要因が順に挙げられている。したがって正解は，Ⓐ「地理的，社会的要因のため」と Ⓑ「職業的要因のため」。

ノート・テイキング

学習目標

キーワードを簡略化し，矢印・記号などを効果的に使ってノートを取れるようになる。

ポイント

　STEP 3でリテンションの学習をしましたが，長文で細部を問われることもあるTOEFLにはリテンションの能力だけでは対応できません。現在行われているiBT形式のTOEFLテストではノートを取ることが許されていますので，効率よくノートを取る技術が身に付いているかどうかによって結果が大きく変わってきます。

　ノートを取る際はまず，聞いた文が肯定文か否定文かに注意しましょう。例えば，I don't doubt that many students would agree with this theory.「私はこの理論に多くの生徒が賛成することを疑わない」は否定文ですが，「否定 (not)」＋「疑う (doubt)」の二重否定なので，センテンス全体の意味は肯定，つまり「賛成すると思っている」です。したがって，main idea (many students would agree with this theory) は肯定の形で把握しておきましょう。

　次に，文単位で main idea を把握してノートに書き取り，記号などを使ってそれぞれの main idea を論理的につなげます。自分にとって使いやすい記号・矢印，線などを決めておいて日常的に使用し，慣れておくとよいでしょう。

　TOEFLテストでは時間的な余裕がありませんので，文字の簡略化，矢印・記号などの使用は必須です。例えば，上記の例文 I don't doubt that many students would agree with this theory. のコアの部分は many students would agree with this theory ですが，ノートには以下のように記しておけばよいでしょう。

　[many stu agre theo]

　ただし，あまり簡略化しすぎたり，多くの記号を使いすぎたりすると意味が分からなくなってしまうので，気を付けましょう。

　リテンションの能力がなければノートを取ることはほとんど不可能ですので，リテンションの練習もしっかり行い，土台を作っておくことが必要です。

　ではまず，Exercise を解いてみましょう。解き終わったら，解答をチェックしても構いませんが，スクリプトと解説は読まないでください。
　続いて，もう一度英文を聞き，main idea をノートに書き取りましょう。

xercise

Now get ready to answer the questions.
You may use your notes to help you answer.

1 According to the lecture, what is true about culture?
- Ⓐ It is a set of learned beliefs, values, and behavior shared by the members of a society.
- Ⓑ It is a group of people who occupy a particular territory.
- Ⓒ It is a common language which is not intelligible to neighboring peoples.
- Ⓓ It means close agreement in the responses to certain phenomena.

2 What may people who share the same culture do?
- Ⓐ Learn individual differences
- Ⓑ Share the same values but not attitudes
- Ⓒ Share the same attitudes but not values
- Ⓓ Speak a common language

3 According to the professor, what is a society?
- Ⓐ A particular territory that has the members of a particular group sharing a certain behavior
- Ⓑ A group of people who share a common language which is generally intelligible to neighboring peoples
- Ⓒ A particular territory that has a group of people speaking several different languages
- Ⓓ A group of people sharing a particular territory and a common language

Listen again to part of the lecture.
Then answer the question.

4 What does the professor mean by this statement?
- Ⓐ People in a particular society have a particular language for themselves.
- Ⓑ People in a particular society want to communicate only with each other.
- Ⓒ People in a particular society should communicate only with each other.
- Ⓓ The common language used by people in a particular society usually does not have very difficult terms.

色文字は main idea にあたります。下のノート・テイキングの例とあわせて見てください。

Listen to part of a lecture in a cultural anthropology class.

Professor: OK. Let's talk about culture.[Ⓐ] In spite of very strong individual differences, most members of a particular society tend to be in close agreement in their responses to certain phenomena. [Ⓑ]

Student A: Why's that?

Professor: Well, it's because they share the attitudes, values, and behavior common in their society.[Ⓒ]

Student B: You mean, uh, things that everyone believes is right and wrong, normal and abnormal, things like that. Is that what we call culture?

Professor: Yes. We can say that **1** **2-1** culture may be defined as a set of learned beliefs, values, and behavior generally shared by the members of a society.[Ⓓ]

Student A: Then, what is society?

Professor: Uh, what the anthropologist means by **2-2** **3** society is, a group of people who occupy a particular territory and speak a common language.[Ⓔ] **This common language is not generally intelligible to neighboring peoples.** [Ⓕ]

ノート・テイキングの例

Ⓐ cultu

Ⓑ agree in respo pheno

Ⓒ shr attit val behav in soci

Ⓓ cult → lrn belif val behav shr by memb soci's

Ⓔ anthrop soci → peop <u>with</u> terito, comn lang
　　＊with は who occupy の言い換えとして，所有の意味で使用している。

Ⓕ comn lang <u>N</u> know to <u>out</u> peop
　　＊N は no，not のような否定形や接続詞 and に使用するので，混同しないように自
　　　分なりのルールを決めておくこと。
　　＊out はこの場合「グループ外の」という意味。

スクリプトの訳

文化人類学の講義の一部を聞きなさい。

教授：では，文化について話しましょう。非常に大きな個人差があるにもかかわらず，特定の社会の構成員のほとんどは，ある特定の出来事に対して似通った反応を示す傾向にあります。

学生A：どうしてですか。

教授：そうですね。どうしてかというと，彼らは自分たちの社会における共通の態度や価値観，行動様式を共有しているからです。

学生B：つまり，えーと，誰もが正しいとか間違っているとか，普通であるとか普通でないと信じていることのようなもの，それを文化と呼ぶのだという意味ですか。

教授：そうです。文化とは，ある社会の構成員が一般的に共有している，学習により獲得された一連の信条，価値観，行動様式だと定義できるでしょう。

学生A：では，社会とは何ですか。

教授：えー，人類学者が意味する社会とは，ある特定の縄張りを持ち，共通の言語を話す人々の集団のことです。この共通の言語はたいていの場合，隣の社会の人々には理解できません。

---

1 正解 (A)

訳 講義によると，文化に関して正しいものはどれか。

(A) それは，ある社会の構成員が共有している，学習により獲得された一連の信条，価値観，行動様式である。

(B) それは，ある特定の縄張りを持っている人々の集団である。

(C) それは，隣の社会の人々には理解できない共通言語である。

(D) それは，ある特定の出来事に対する似通った反応を意味する。

解説 下線部**1**で教授が「文化とは，ある社会の構成員が一般的に共有している，学習により獲得された一連の信条，価値観，行動様式だ」と言っているので，正解は(A)。

---

2 正解 (D)

訳 同じ文化を共有している人たちは何をする可能性があるか。

(A) 個人的差異を学習する

(B) 共通の価値観を共有するが態度は共有しない

(C) 共通の態度を共有するが価値観は共有しない

(D) 共通の言語を話す

解説 下線部**2-1**で，文化は「社会の構成員が共有しているもの」と定義され，下線部**2-2**で社会は「特定の縄張りを持ち，共通の言語を話す人々の集団」と定義されている。よって，同じ文化を共有している人たちは(D)「共通の言語を話す」と考えられる。individual differences, values, attitudes など，講義内に出てくる語句が選択肢に入っているが，惑わされないようにしよう。

3 正解 (D)

> **訳** 教授によると，社会とは何か。
> (A) ある特定の行動様式を共有する特定の集団の構成員がいるある特定の縄張り
> (B) 隣の社会の人々が大体は理解できる共通の言語を共有する人々の集団
> (C) いくつかの異なる言語を話す人々の集団がいるある特定の縄張り
> (D) ある特定の縄張りと共通の言語を共有する人々の集団

> **解説** 下線部**3**で，「社会とは，ある特定の縄張りを持ち，共通の言語を話す人々の集団」と定義されている。「特定の縄張り」と「共通の言語」の両方が入っていなければならないので，正解は (D)「ある特定の縄張りと共通の言語を共有する人々の集団」。

講義の一部をもう一度聞き，質問に答えなさい。（スクリプト太字部分参照）

4 正解 (A)

> **訳** 教授のこの発言は何を意味しているか。
> (A) ある特定の社会の人々は彼ら自身の特定の言語を持っている。
> (B) ある特定の社会の人々は彼らの中だけで意思疎通を行いたい。
> (C) ある特定の社会の人々は彼らの中だけで意思疎通を行うべきだ。
> (D) ある特定の社会の中で人々に使用されている共通言語はたいてい非常に難しい表現は持たない。

> **解説** 教授は最後の発言で社会を「特定の縄張りを持ち，共通の言語を話す人々の集団」と定義した後，太字部分の「この共通の言語はたいていの場合，隣の社会の人々には理解できない」を言っている。よって正解は (A)「ある特定の社会の人々は彼ら自身の特定の言語を持っている」。

Column ① リスニング学習のポイント

　筆者が大学生の頃，当時新しい英語学習法としてオーディオリンガル・メソッドと呼ばれるものがありました。何とか英語をしゃべれるようになりたいと考えていた筆者は，このメソッドの substitution drill（文型の単語や句を置き換えて行う口頭練習）と，ある高名な同時通訳者の提唱する「只管朗読（同じ英文を何百回も音読すること）」にチャレンジしました。スピーキングの基礎に関して言えば効果は抜群で，3か月後には基本的なことが，1年後には基本文型を応用して言いたいことの90％以上が，楽に言えるようになったことを覚えています。

　しかし，英語が完全に聞き取れるようになったという実感はいつまでたってもありませんでした。スピーキングのような情報の発信は，自分の持てる知識，能力の範囲内で行われますが，リスニングのような情報の受信は，時に自分の英語力を超えた能力が要求されるからです。スピーキングの次はリスニングをマスターしたい！　と思った筆者は，リスニング学習法と言われているものを真剣に探しました。その結果を大きくまとめると以下のようになります。

> 1 正確な発音をマスターする
> 2 英語のリズム，イントネーションを身に付ける
> 3 シャドウイングをする
> 4 ネイティブと会話をする
> 5 語彙力・読解力をつける
> 6 英語の歌（ポップスなど）を聞く
> 7 洋画を見る
> 8 とにかく英語を浴びるほど聞く
> 9 全体の意味から推測して聞く（トップダウン）
> 10 コミュニケーション力をつける

　1〜3に関しては，口頭練習ですでにやっていましたし，4のネイティブとの会話も常に機会を逃さないよう心がけていました。また，5の語彙力・読解力はリスニングだけでなく，総合的な英語力に関係するものなのでここでは省略し，6〜10の方法のポイントについてまとめます。

6 英語の歌 (ポップスなど) を聞く

Point ▶ 英語の雰囲気やリズムなどから，より英語に興味が持てるようになります。

ここに注意! ▶ スローテンポで歌詞がはっきりと聞き取れるものを選びましょう。テンポの速いものは普通の会話やスピーチよりも聞き取りがずっと難しいので，注意が必要です。

7 洋画を見る

Point ▶ 場面に応じた受け答えの勉強になります。

ここに注意! ▶ 構文，言い回しの多くは難しいものなので，全部を理解する必要はありません。理解できたものだけを拾っていきましょう。

8 とにかく英語を浴びるほど聞く

Point ▶ 英語の雰囲気やリズムに慣れていく過程で，短い語句，センテンスなどが耳に残り，自然に覚えられます。

ここに注意! ▶ 長いセンテンスや，まとまった文を聞き取るにはもう一段階上の練習が必要です。

9 全体の意味から推測して聞く (トップダウン)

Point ▶ 語句，センテンスの意味は発話の状況，環境に応じて決まり，状況に依存します。正確な意味の把握には，まず発話の状況から全体の意味を把握し，はっきりと聞き取れなかったところは全体の意味から再構築しましょう。

ここに注意! ▶ はっきりと聞き取れない箇所の多い，虫食い状態だと，再構築が困難です。

10 コミュニケーション力をつける

Point ▶ コミュニケーション力アップは，より効果的な言語使用への第1歩です。

ここに注意! ▶ コミュニケーション力は，英語に限らずどの言語においても重要です。

リスニング学習は以上の点を理解して行うと，より効果的なものとなるでしょう。

STEP 5　質問のタイプと形式①　ナレーション

学習目標

冒頭のナレーションのパターンを知る。

ポイント

　TOEFL のリスニング問題の形式は、「会話」と「講義」に分かれます。さらに「講義」の中には、教授だけが話す形式と、教授と学生がやり取りをするディスカッション形式があります。問題文の冒頭のナレーションでは、「会話」か「講義」のどちらなのかや、シチュエーションの説明がされます。ナレーションはパターン化されていますので、事前に学習しておくことで、問題文が聞きやすくなったり、講義や会話の大意を問う問題（一問目で問われることが多い）が解きやすくなったりします。

1. 会話形式の問題では、学生と大学スタッフ、学生と教員（オフィス・アワー）などのパターンがあります。
   - Listen to a conversation <u>between a student and a school nurse</u>.
   「<u>学生と学校の看護師との</u>会話を聞きなさい」
   - Listen to part of a conversation <u>between a student and a career counselor</u>.
   「<u>学生と就職指導カウンセラーとの</u>会話の一部を聞きなさい」
   - Listen to part of a conversation <u>between a student and a professor</u>.
   「<u>学生と教授との</u>会話の一部を聞きなさい」
   学生と大学スタッフの会話では大学生活や学内手続きや就職の相談などが、また学生と教員の会話ではオフィス・アワーでの質問や相談などが題材となります。
2. 講義形式の問題では、まずナレーションで、どの科目の授業なのかが説明されます。したがって、英語の科目名をなるべく多く覚えておく必要があります。
   - Listen to part of a <u>lecture</u> in an <u>ecology</u> class.
   「<u>生態学</u>の講義の一部を聞きなさい」
   - Listen to part of a <u>lecture</u> in a <u>physiology</u> class.
   「<u>生理学</u>の講義の一部を聞きなさい」

Now get ready to answer the questions.
You may use your notes to help you answer.

1 What is the main topic of the lecture?
(A) The weather conditions in Seattle
(B) Seattle-Tacoma International Airport
(C) Rain forests in the U.S.
(D) Smog in the city

2 What is Puget Sound?
(A) A forest
(B) A body of water
(C) A city
(D) A kind of noise

3 What is the implied reason for Seattle's nickname, the Emerald City?
(A) It is expensive to live there.
(B) It is like a rain forest.
(C) It is as luxurious as a jewel.
(D) It is green like the color of the gem.

4 Which scene can most likely be seen in Seattle?
(A) A lot of the people using umbrellas when it rains
(B) Some people using umbrellas when it rains
(C) Very few people carrying umbrellas
(D) A lot of people carrying umbrellas but seldom using them

5 What is likely to happen when it doesn't rain in Seattle?
(A) The sky becomes clear.
(B) A rain forest appears.
(C) Cars begin to show dirt.
(D) The airport closes.

Listen to part of a lecture in a meteorology class.

1 Today I would like to discuss the weather conditions in Seattle.

When one thinks about the meteorological conditions in Seattle, the first thing that comes to mind is the rain.

Actually, during an average year, it rains nearly half the year. **2** A short ferry ride across Puget Sound takes you to a peninsula, which has one of the few true rain forests in the continental United States. **3** The precipitation keeps all the area's vegetation lush, and as you fly into Seattle-Tacoma International Airport, nearly anytime of the year you'll see green, in contrast to the browns of most other American airports. So, one of the nicknames of Seattle is the Emerald City. **4** Oddly enough, though, many people in Seattle never carry an umbrella. That's because usually the rain is in the form of a light mist which dries away quickly. The moisture helps to keep the air and streets clean.

5 In fact, during the summer when it doesn't rain for a few weeks, a large cloud forms over the city, and cars begin to show dirt. So people look forward to the next cloudburst, which will wash the smog out of the sky and the dust from the streets.

スクリプトの訳

気象学の講義の一部を聞きなさい。
　今日はシアトルの気象状況について話したいと思います。
　シアトルの気象状況を考えるとき，最初に頭に浮かぶのは雨です。
　実際，平年では，1年のほぼ半分が雨なのです。ピュージェット湾をフェリーに少し乗って渡ると半島に着きますが，そこには米国本土で数少ない本物の雨林の1つがあります。降水はその地域のあらゆる植物の繁茂を維持していますし，また，飛行機でシアトル・タコマ国際空港に行けば，アメリカの他のほとんどの空港の茶色っぽさとは対照的に，ほとんど1年中，緑を見ることができます。だから，シアトルのニックネームの1つはエメラルドシティーなのです。しかし，不思議なことに，シアトルの多くの人々は全く傘を持ち歩きません。これはなぜかと言うと，たいていの場合，薄い霧状の雨なので，すぐに乾いてしまうからです。この湿気は空気と町の通りをきれいに保ちます。
　事実，数週間雨が降らない夏の間には，大きな雲が町の上空に漂い，車は埃をかぶり始めます。そのため人々は次に土砂降りの雨が降ってくれるのを待ち望むのです。雨は，上空のスモッグや通りの埃を洗い流してくれますからね。

1 正解 Ⓐ

訳 この講義の主題は何か。
Ⓐ シアトルの気象状況
Ⓑ シアトル・タコマ国際空港
Ⓒ アメリカの雨林
Ⓓ 都市のスモッグ

解説 講義の冒頭の下線部**1**で「今日はシアトルの気象状況について話したいと思う」と言っているので，正解は Ⓐ 。

2 正解 Ⓑ

訳 Puget Sound とは何か。
Ⓐ 森林
Ⓑ 水域
Ⓒ 都市
Ⓓ 騒音の一種

解説 下線部**2**で「Puget Sound をフェリーに少し乗って渡ると半島に着く」と言っているため，Ⓑ「水域」であると考えられる。ここでの Sound は，「入り江，湾」という意味。

3 正解 Ⓓ

訳 シアトルがエメラルドシティーというニックネームを持つ理由は何であると示唆されているか。
Ⓐ そこでの生活はお金がかかる。
Ⓑ そこは雨林のようだ。
Ⓒ そこは宝石のように豪華だ。
Ⓓ そこは宝石のような緑色をしている。

解説 下線部**3**で「降水はその地域のあらゆる植物の繁茂を維持し，また，飛行機でシアトル・タコマ国際空港に行けば，アメリカの他のほとんどの空港の茶色っぽさとは対照的に，ほとんど1年中，緑を見ることができる」と言っている。つまり，植物の緑色がエメラルドの緑色を連想させることが，その呼び名の由来であるということなので，正解は Ⓓ 。

4 正解 Ⓒ

　訳 シアトルで見かける可能性が最も高い光景はどれか。

　Ⓐ 雨が降ると多くの人が傘をさす

　Ⓑ 雨が降ると傘をさす人もいる

　Ⓒ 傘を持ち歩く人はほとんどいない

　Ⓓ 多くの人は傘を持ち歩くが，さすことはほとんどない

> **解説**　下線部**4**「不思議なことに，シアトルの多くの人々は全く傘を持ち歩かない」から，Ⓒ が正解。

5 正解 Ⓒ

　訳 シアトルで雨が降らないときは，何が起こる可能性が高いか。

　Ⓐ 空が晴れ渡る。

　Ⓑ 雨林が出現する。

　Ⓒ 車が埃をかぶり始める。

　Ⓓ 空港が閉鎖される。

> **解説**　下線部**5**に「事実，数週間雨が降らない夏の間には，大きな雲が町の上空に漂い，車は埃をかぶり始める」とあるので，正解は Ⓒ。

質問のタイプと形式② 質問形式

学習目標

質問形式に慣れる。

ポイント

　問題を解くためには質問の意味を正確に理解することが不可欠ですが，実際の試験では時間的制約があるため，質問を十分に理解できない場合もあります。TOEFL のリスニング問題では音声を聞く前に設問に目を通すことはできませんが，よくある質問形式に慣れておけば，問題文を聞きながら，問われそうな内容や注意すべきポイントを予測できる可能性が高まります。

　TOEFL の代表的な質問としては，以下の4つが挙げられます。

1. 会話や講義の目的を尋ねる質問

　このタイプの質問では，STEP 5 で学習した冒頭のナレーションをヒントにして正答を導けることもあります。

　　・<u>What is</u> the professor mainly <u>discussing</u>?

　　「教授は，主に<u>何について話しているのか</u>」

　　・<u>Why is</u> the student <u>visiting</u> the career counselor?

　　「<u>なぜ，学生は</u>就職指導カウンセラーのもと<u>を訪れているか</u>」

2. 内容の詳細を尋ねる質問

　このタイプの質問に対応するには，ノート・テイキングが必要です。繰り返されている語句や固有名詞，「なぜ？」という問いかけに対する応答などには特に注意してメモを取りましょう。

　設問を解く際は，質問文の疑問詞・主語・動詞をしっかりと把握した上で選択肢を選びます。また，What is true about ～ ?「～について何が正しいか」と問われることもあります。

3. 話者の発言の意図を尋ねる質問

　なぜそのような発言をしているのかという理由を把握するには，話全体の流れを理解する力，英語特有の論理の運び方や語法など，幅広い知識が必要となります。

　　・<u>Why does</u> the professor <u>refer to</u> this?

　　「<u>なぜ，教授はこのことに言及しているのか</u>」

　　・<u>Why does</u> the counselor <u>say</u> this to the student?

　　「<u>なぜ，カウンセラーは</u>学生にこのこと<u>を言っているのか</u>」

4. 推論，推察を求める質問

　推論や推察を求める質問には，infer, imply, assume などの語がよく使われます。

Exercise

track 27-32

CHAPTER 2   STEP 6

Now get ready to answer the questions.
You may use your notes to help you answer.

1 What is true about fireflies?

> Click on 2 answers.

- Ⓐ Different species tend to live and mate in different settings.
- Ⓑ Their glow should always be on.
- Ⓒ They use their flashes to attract mates.
- Ⓓ Their flashing is random.

2 When fireflies mate, where are they likely to be positioned?

- Ⓐ On or near the ground
- Ⓑ High in the air
- Ⓒ Near the water
- Ⓓ In wooded areas

3 In the lecture, how male fireflies mate with females is described. Put the steps of the mating process in order.

- Ⓐ The male signals to nearby females while flying.
- Ⓑ A nearby female signals to the male.
- Ⓒ The male locates the female.

4 How do fireflies find one of their own kind to mate with?

- Ⓐ They live in the same setting.
- Ⓑ They flash everywhere until they find one of their own kind.
- Ⓒ They change their flash patterns randomly.
- Ⓓ They have a unique flash pattern.

Listen again to part of the lecture.
Then answer the question.

5 What does the professor refer to in this statement: 🎧

- Ⓐ Fireflies tend to live and mate with their own kind.
- Ⓑ Fireflies are the same no matter where they live.
- Ⓒ Fireflies can be found very easily.
- Ⓓ Some kinds of fireflies can be active anytime and anywhere.

61

Listen to part of a lecture in an entomology class.

Professor: Today, we're going to talk about fireflies. **1-C** Fireflies use a complex form of flash communication to attract a mate. The glow, which comes from light-producing cells on the firefly's underside, is turned on and off at will. The flashing of fireflies seems random at first. But when you observe more closely, you can detect patterns.

Student A: OK, so what do they do to attract mates?

Professor: **3-A** Males signal to nearby females while flying. **2** **3-B** Females respond to these signals from on or near the ground. When a female responds, the male continues to signal and flies closer. **3-C** The male and female signal back and forth until the male locates the female. Finally, of course, he mates with her. There are a number of different species of fireflies. So, how do they find one of their own kind to mate with?

Student B: **4** I think each species of firefly has a unique flash pattern, right?

Professor: Exactly. The flash signals may vary in a number of ways, such as the color and duration of the flashes, the time between signals, and the number of flashes in a signal.

Student A: **1-A** **5** Will different species of fireflies also tend to live and mate in different settings?

Professor: That's right. For example, one kind might live in meadows, another in wooded areas. Also, different species are not all active at the same time of night. Interestingly, some species start signaling around sunset, and others may not be active until after dusk. Fireflies make themselves easy to spot. You can see them in fields, meadows, lawns, along hedges, in the woods, at the edge of the woods, and even on some city sidewalks.

スクリプトの訳

昆虫学の講義の一部を聞きなさい。

教授：今日はホタルについて話します。ホタルは交尾する相手を引き付けるために，複雑な形式のフラッシュ・コミュニケーションを使います。光は，ホタルの体の下部にある発光細胞から放たれており，自らの意思で点滅されます。最初のうちは，ホタルのフラッシングはランダムに行われているように見えるでしょう。しかし，もう少しよく観察すると，パターンが分かってくるのです。

学生A：なるほど。では，相手を引き付けるためにホタルは何をするのですか。

教授：オスは飛びながら近くにいるメスへ信号を送ります。メスは地面から，あるいは地面の近くからこの信号に応答します。メスが応答するとオスは信号を送り続け，飛んで近づいていきます。オスがメスの居場所を特定するまで，オスとメスとの信号のやり取りは繰り返されます。そしてもちろん，最終的にオスはメスと交尾します。ホタルには多くの異なる種類があります。では，どのようにして自分と同じ種の相手を見つけるのでしょうか。

学生B：ホタルの種ごとに，独自のフラッシュ・パターンを持っているのではないでしょうか。

教授：その通りです。フラッシュ信号は多くの点で異なっています。例えば，フラッシュの色や長さ，信号の間隔，1回の信号の中でのフラッシュの回数などです。

学生A：ホタルは種が異なれば，生息したり交尾したりする環境も異なるのですか。

教授：そうです。例えば，ある種は草地に，またある種は林に生息しているかもしれません。また，種が異なれば，夜間の活動時間もすべて同じとは限りません。興味深いことに，日没頃から信号を送り始める種もあれば，日が暮れるまで活動しない種もあるのです。ホタルは，自分自身を見つけやすいような状態にします。野原や草地や芝生，生け垣沿い，森の中やはずれ，また街中の歩道でさえもホタルを見ることができるというわけです。

---

1 正解　Ⓐ　Ⓒ

訳　ホタルに関して正しいのはどれか。

答えを2つクリックしなさい。

Ⓐ 種の異なるものは異なる環境で生息したり交尾したりする。

Ⓑ 光は常に点灯していなければならない。

Ⓒ 交尾相手を引き付けるためにフラッシュを使う。

Ⓓ フラッシュの点滅には規則性がない。

解説　下線部1-Aで学生Aが「ホタルは種が異なれば，生息したり交尾したりする環境も異なるのか」と尋ねると，教授は「そうだ」と答えているので，Ⓐ は正しい。下線部1-Cで「ホタルは交尾する相手を引き付けるために，複雑な形式のフラッシュ・コミュニケーションを使う」とあるので，Ⓒ も正しい。

2 正解 （A）

訳 ホタルが交尾するとき，おそらくどのあたりに位置するか。
（A） 地面かその近辺
（B） 空中高く
（C） 水辺
（D） 林の中

> **解説** 下線部**2**に「メスは地面から，あるいは地面の近くからこの信号に応答する」とあり，その後，オスがメスに飛んで近づいていくので，交尾するときはともに地面かその近くにいるということになる。

3 正解 （A）→（B）→（C）

訳 講義では，ホタルのオスがどのようにメスと交尾するかが説明されている。その交尾のプロセスを順番に並べなさい。
（A） オスが飛びながら近くのメスに信号を送る。
（B） 近くのメスがオスに信号を送る。
（C） オスがメスの居場所を特定する。

> **解説** 下線部**3-A**に「オスは飛びながら近くにいるメスへ信号を送る」，その後下線部**3-B**に「メスはこの信号に応答する」とあるので，（A）→（B）の順となる。最後に下線部**3-C**に「オスがメスの居場所を特定するまで，オスとメスとの信号のやり取りは繰り返される」とあるので，（C）が続く。

4 正解 （D）

訳 ホタルはどのようにして同じ種の交尾相手を見つけるのか。
（A） 同じ環境に生息する。
（B） 同種の相手を見つけるまで至るところでフラッシュをする。
（C） 自分たちのフラッシュ・パターンを不規則に変える。
（D） 独自のフラッシュ・パターンを持っている。

> **解説** 教授の「どのようにして自分と同じ種の相手を見つけるのか」という問いに対し，学生Bは下線部**4**で「独自のフラッシュ・パターンを持っている（ので自分の種の相手を見つけられる）のではないか」と答えている。教授はこれを肯定しているので，正解は（D）。

講義の一部をもう一度聞き，質問に答えなさい。（スクリプト太字部分参照）

5 正解 Ⓐ

訳 教授はこの発言で何について言及しているのか。（スクリプト破線部参照）

Ⓐ ホタルは同種のものとともに生息し，交尾する傾向がある。

Ⓑ ホタルはどこに生息していようが同じである。

Ⓒ ホタルは簡単に見つけることができる。

Ⓓ いつでもどこでも活動できる種類のホタルもいる。

解説 種によって生息環境が異なる実例を示すこの部分は，直前の下線部 5 の学生A
による「ホタルは種が異なれば，生息したり交尾したりする環境も異なるのか」という質問に
対する補足情報である。これを言い換えた Ⓐ が正解。

会話① 学生生活に関する会話

学習目標

「学生生活に関する会話」の特徴をつかみ，よく使われる表現を身に付ける。

ポイント

　会話形式の問題の中には，学生生活に関する会話と，授業の内容に関する会話があります。今日は，学生生活に関する会話の特徴と表現に関して学習します。

　これは，主に大学のサポート部門，つまり教務課，学生課，就職課，医務室など，学生の支援をする部門のスタッフが相手です。必要な手続きの方法，履修登録，カウンセリングなどが題材となります。会話の背景を知り，特有の用語を身に付けておけば，より聞き取りやすくなるでしょう。

1. 奨学金の相談（financial office での会話）

financial office は学資に関する相談をできる場所です。奨学金の種類や取得の可能性，申請方法などを教えてもらったり，奨学金が受けられない場合に備えた学資ローンの情報やアドバイスを受けたりすることができます。

・I'd like to find out <u>how to apply for</u> financial aid.
「<u>学資援助の申込方法</u>を知りたいのです」

・<u>Scholarships</u> are the best because you don't have to pay them back.
「返済の必要がありませんから，<u>奨学金</u>が一番ですよ」

・What's your <u>GPA</u>? It's a strong C, about 2.7, I think.
「あなたの<u>成績平均点</u>は？」「Cの上で 2.7 くらいだと思います」
　　＊ GPA については，p.90 参照。

2. 就職指導（career counselor との会話）

企業への応募方法，応募書類の書き方，心構えなどについてアドバイスを受けます。

・I've lined up a couple of <u>interviews</u> for next week.
「来週 2 ～ 3 社の<u>面接</u>があります」

・You know that the <u>résumé</u> and <u>cover letter</u> are the only way of immediately grabbing someone's attention.
「ご存じでしょうが，<u>履歴書と添え状</u>は，相手の注意を瞬時に引き付ける唯一の手段です」

Now get ready to answer the questions.
You may use your notes to help you answer.

1 Why does the student go to see the advisor?
- (A) To get her degree
- (B) To ask for a job recommendation
- (C) To get advice on how to pass her math class
- (D) To change her field of study

2 How is the relationship between the student and her instructor?
- (A) They are not on very friendly terms.
- (B) They have never spoken to each other.
- (C) They are good friends outside of class.
- (D) The student gets along well with her instructor.

3 What does the advisor suggest she do with her math credits?
- (A) Apply them to a minor
- (B) Use them for pursuing a Ph.D.
- (C) Use them for getting a job
- (D) Forget about them

4 Who will the student probably contact?
- (A) The dean of the university
- (B) The dean of the math department
- (C) The dean of the psychology department
- (D) The dean of the sociology department

Listen again to part of the conversation.
Then answer the question.

5 Why does the student say this: 🎧
- (A) She is explaining why she wants to change her major.
- (B) She wants to explain why the test was invalid.
- (C) She is asking for a second chance to take the test.
- (D) She is overconfident in her ability to do math.

スクリプト

Listen to part of a conversation between a student and a student advisor.

Student: 1 I'm here to talk to you about changing my major from math to something else.Ⓐ

Advisor: Let's see. You're a sophomore now, aren't you? Why do you want to change majors?

Student: On the final test in my calculus class, I got a pretty poor score. I know the material, but I made a small mistake early in the equation, so all the rest of the answers were wrong, too.

Advisor: Didn't you discuss this with your instructor?

Student: I didn't bother. 2 We don't, you know, get along too well. Besides, I really don't want to face that kind of pressure on every test till I graduate.

Advisor: So what do you want to change to?

Student: I love psychology, but you need a Ph.D. to get a good job. So I thought sociology would be the best bet, and that I could find a good job reasonably easily with that degree.

Advisor: Yes, that's true. And 3 your math credits could most probably be applied to a math minor.Ⓑ

Student: So, is it possible to change my major?

Advisor: It seems reasonable to me, 4 but you'll need approval from the department head to get in.Ⓒ

音声聞き取りのポイント

問題文では，学生が大学スタッフに専攻の変更に関する相談をしています。転学，専攻の変更，成績，履修についての悩みなど，学業についての相談も多く出題されるので，ここで出てくる語彙を覚えておきましょう。

Ⓐ I'm here to talk to you <u>about changing my major from math to something else</u>.
　major「主専攻」（minor は「副専攻」）

Ⓑ <u>your math credits</u> could most probably be applied to a math minor.
　credit「（認定された）単位」

Ⓒ but you'll <u>need approval from the department head to get in</u>.
　approval「承認」，department head「学部長」

68

スクリプトの訳

学生と指導員との会話の一部を聞きなさい。

学生：数学科から別の科への専攻の変更のことでお話がしたいのですが。

指導員：ええと，あなたは今2年生ですよね。どうして専攻を変更したいのですか。

学生：微積分学の期末試験でかなり悪い点を取ってしまったのです。教材は理解しているのですが，方程式を解く最初の段階で小さなミスをして，それ以降の解もすべて間違ってしまったのです。

指導員：このことについて担当教官とは話し合わなかったのですか。

学生：わざわざそれはしませんでした。どうも先生とは，その，うまくいっていないものですから。それに，卒業するまで試験のたびにあのようなプレッシャーを受けるのは，本当にいやなのです。

指導員：それで専攻は何に変更したいのですか。

学生：私は心理学が大好きですが，良い仕事に就くには博士号が必要でしょう。ですから，社会学が最善の選択だろうと思ったんです。学士号を持っていればわりと簡単に良い就職口を見つけることができるでしょう。

指導員：ええ，その通りですね。それにおそらく，あなたの数学の単位を数学副専攻に適用することもできますよ。

学生：では，専攻の変更はできますか。

指導員：私は可能だと思います。しかし，受け入れてもらうには学部長に許可をもらわなければなりませんよ。

---

1 正解 **D**

訳 学生はなぜ指導員を訪ねたのか。
A 学位を取るため
B 就職推薦状を依頼するため
C 数学の単位を取るための助言を得るため
D 学問分野を変更するため

> **解説** 下線部**1**で，学生は数学から専攻を変更する件について話をしたいと言っている。その後も専攻の変更に関する話をしているので，正解は **D**。

2 正解 Ⓐ

Ⓣ 学生と彼女の担当教官はどのような関係か。

Ⓐ あまり友好的な間柄ではない。

Ⓑ お互いに一度も話したことがない。

Ⓒ 講義以外の場所で親しい友人だ。

Ⓓ 学生は担当教官とうまくやっている。

▮解説 専攻の変更について担当教官と話し合ったかという指導員の問いかけに対し,学生はわざわざしなかったと答え,その理由として下線部**2**で「うまくいっていない」からだと説明している。よって正解は Ⓐ 。

3 正解 Ⓐ

Ⓣ 指導員は取得した数学の単位をどうするよう彼女に提案しているか。

Ⓐ 副専攻に適用する

Ⓑ 博士号を取得するのに利用する

Ⓒ 就職するのに利用する

Ⓓ それについては諦める

▮解説 指導員は下線部**3**で「数学の単位を数学副専攻に適用することもできる」と言っているので,正解は Ⓐ 。

4 正解 Ⓓ

Ⓣ 学生は誰に連絡を取ると思われるか。

Ⓐ 大学の学部長

Ⓑ 数学部長

Ⓒ 心理学部長

Ⓓ 社会学部長

▮解説 下線部**4**で指導員が,「受け入れてもらうには学部長に許可をもらわなければならない」と注意を促している。また,学生は「心理学が大好きだが,良い仕事に就くには博士号が必要になる」,「社会学の場合,学士号を持っていればわりと簡単に良い就職口を見つけられる」と述べているため,「社会学部」に転入すると考えられる。つまり連絡を取るのは Ⓓ 「社会学部長」。好きではあるが良い就職には博士号が必要なので候補から外した心理学を選ばないように。

会話の一部をもう一度聞き，質問に答えなさい。（スクリプト太字部分参照）

5 正解 Ⓐ

訳 学生はなぜこのように言っているのか。（スクリプト破線部参照）

Ⓐ 専攻を変えたい理由を説明している。

Ⓑ 試験がなぜ無効なのかを説明したがっている。

Ⓒ もう一度テストを受ける機会を求めている。

Ⓓ 自分の数学の能力を過信している。

解説 学生の発言は，指導員の「どうして専攻を変更したいのか」の問いに対する返答になっているので，正解は Ⓐ 。

会話② 授業の内容に関する会話

学習目標

「授業の内容に関する会話」の特徴をつかみ，よく使われる表現を身に付ける。

ポイント

STEP 7 では，会話形式の問題のうち，学生生活に関する会話を学習しましたが，ここでは学生と教授のオフィス・アワーでの会話，特に授業の内容に関する会話について学習します。

オフィス・アワーとは，学生からの質問や相談に応じるために，教員が研究室に在室する時間帯のことです。「授業が難しくてよく理解できない」，「課題の提出期限に遅れる」，「成績不振で今後どうすればいいのか」，「提出レポート・論文に不備がある」，「与えられた課題の進め方に行き詰まっている」など，学業上のさまざまな問題がテーマとなります。

オフィス・アワーの会話でよく使用される表現や会話の流れを理解しておけば，問題文をある程度予測しながら聞くことができ，スムーズに正解できるようになるでしょう。

1. 課題のプレゼンの仕方がよく分からない学生が，教授に相談する。

・I just, you know, I'm just not sure about the presentation itself.

「プレゼンというもの自体がよく分からないんです」

・As I was saying, this presentation should conform to expected business standards.

「以前言った通り，このプレゼンは予想されるビジネスの基準に合わせる必要があります」

2. 教授が学生を呼び出し，提出されたレポートの不備について指導する。

・You know why I called you here today, don't you, Sarah?

「今日，なぜ呼び出したか分かりますか，サラ」

・Well, I guess my paper failed.

「はい。レポートが不合格だったんだと思います」

・I would like you to redo it and submit it by next week.

「もう一度書き直して来週までに提出しなさい」

・Would it be OK to show you a first draft before I write it out in full?

「完全な形で清書する前に，最初の下書きをお見せしてもいいでしょうか」

 **E**xercise

Now get ready to answer the questions.
You may use your notes to help you answer.

1 Why does the student come to talk with the professor?
- Ⓐ She needs the professor's advice about her college major.
- Ⓑ She is having difficulty following her biology class.
- Ⓒ She is interested in double coconuts.
- Ⓓ She wants to get some information about petunia seeds.

2 Why are seeds useful for science projects?

> Click on 2 answers.

- Ⓐ They take up limited space.
- Ⓑ They weigh very little.
- Ⓒ They are fun to experiment with.
- Ⓓ They are cheap and easy to obtain.

3 According to the professor, what is true about petunia and begonia seeds?
- Ⓐ They cannot be used for science projects.
- Ⓑ A petunia seed is bigger than a begonia seed.
- Ⓒ There are 70,000 dust-like seeds in one begonia shell.
- Ⓓ A petunia seed capsule weighs seven thousand grams.

4 How did the student feel after talking with the professor?
- Ⓐ She felt more confused.
- Ⓑ She felt more confident.
- Ⓒ She felt inspired.
- Ⓓ She felt more tired.

Listen again to part of the conversation.
Then answer the question.

5 Why does the professor say this: 🎧
- Ⓐ To make the student write notes
- Ⓑ To make sure of the student's knowledge
- Ⓒ To change the subject of the conversation
- Ⓓ To ask the student's opinion

Listen to part of a conversation between a student and a professor.

Professor: Ah, Patricia, come in, please.

Student: Thank you, Dr. Chi.

Professor: So, what can I do for you?

Student: I'm really worried about my studies. I need your help. Yesterday, **1** you explained how wonderful seeds are for science projects in your biology class. I'm not clear about that part. **Ⓐ**

Professor: Well, you see, **2** seeds are inexpensive, readily available, and take up little space for science projects.

Student: So, they are...good due to their cost, availability, and space needs?

Professor: Yes, they also vary greatly in size and shape, making it possible for us to do various kinds of experiments according to these two characteristics.

Student: Because of their size and shape...

Professor: That's right. Well, Pat, do you remember our last class discussion on the size and shape of seeds?

Student: Yes. I think I do.

Professor: What did I say is the largest seed?

Student: Umm, I think, umm, the double coconut?

Professor: That's right. The double coconut weighs up to 30 kg. And as I mentioned in the last class, there are also very small seeds. Orchids, for example, have dust-like seeds with up to four million seeds per capsule. Petunia seeds...

Student: Excuse me. But, er, could you give me some time to take notes? OK, petunia seeds...?

Professor: Petunia seeds weigh only one seven-thousandth of a gram. **3** But begonia seeds are even smaller — 70,000 begonia seeds together weigh only one gram.

Student: Wow, begonia seeds weigh only one tenth of those of the petunia!

Professor: That's right. Do you follow me? **Ⓑ**

Student: Yes, I think so...

Professor: If you need further help, do not hesitate to ask me.

Student: Thank you very much, Dr. Chi. Now, **4** I'm starting to feel better.

音声聞き取りのポイント

授業内容をあまりよく理解できなかった学生が，教授を訪問しています。ポイントになる表現を押さえておきましょう。

A I need your help. Yesterday, you explained ... I'm not clear about that part.
I need your help「助けが必要だ」，I'm not clear about ～「～をあまりよく理解できていない」

B That's right. Do you follow me?
学生の意見を肯定した上で，話を理解できたかどうかを確認している。
よく理解できていない場合は，I'm still a little bit confused, though. I'll have to review it once more.「まだ少し混乱しているのですが。もう一度復習してみます」といった応答も考えられる。

スクリプトの訳

学生と教授の会話の一部を聞きなさい。

教授：ああ，パトリシア，どうぞお入りなさい。

学生：ありがとうございます，チー先生。

教授：どうしましたか。

学生：勉強のことで本当に困っています。先生の助けが必要なんです。昨日，先生は生物学の授業で，種子は科学の実習に最適だと説明されました。ここのところが私にはよく理解できないのですが。

教授：なるほどね，種子は安価で，簡単に手に入り，科学の実習のためのスペースもあまり取りません。

学生：つまり種子は…費用，入手のし易さ，場所の必要性などの意味で良いということですか。

教授：そうです，それに種子というのは，大きさと形が大きく異なりますが，この2つの性質によって，いろいろな実験が可能になるのですよ。

学生：種子のサイズと形が理由で…。

教授：その通りです。ところでパット，この前の授業で種子のサイズと形について話し合ったことを覚えていますか。

学生：ええ，たぶん。

教授：最も大きい種子は何だと言いましたか。

学生：えーと，オオミヤシだったと思います。

教授：そうです。オオミヤシの種子は最大30キロになります。そして，この前の授業で話したように，非常に小さな種子もあります。例えばランの種子は埃のように細かく，1つの鞘の中に最大で400万個の種子が入っているのです。ペチュニアの種子は…。

学生：すみません。あの，ノートを取る時間をいただいていいですか。ええと，ペチュニアの種子は…？

教授：ペチュニアの種子は，わずか7,000分の1グラムです。しかしベゴニアの種子はもっと小さくて，7万個の種子で1グラムしかありません。

学生：うわー，ベゴニアの種子はペチュニアのたった10分の1の重さなんですね！

教授：その通り。分かりましたか。
学生：はい，理解したと思います…。
教授：もっと説明が必要なら，遠慮しないで聞いてください。
学生：本当にありがとうございました，チー先生。これで前より気持ちが楽になってきました。

1 正解 Ⓑ

訳 なぜ学生は教授と話しに来たか。
Ⓐ 大学の専攻について教授のアドバイスが必要である。
Ⓑ 生物学の授業についていくのが難しい。
Ⓒ オオミヤシに興味がある。
Ⓓ ペチュニアの種子について情報が欲しい。

解説 下線部 **1** で，学生は「生物学の授業で，種子は科学の実習に最適だと説明されたが，よく理解できなかった」と述べている。よって正解は Ⓑ 。

2 正解 Ⓐ Ⓓ

訳 種子はなぜ科学の実習に向いているのか。
答えを 2 つクリックしなさい。
Ⓐ 種子はわずかな場所しかとらない。
Ⓑ 種子は非常に軽い。
Ⓒ 種子は実験するのが楽しい。
Ⓓ 種子は安価で，入手しやすい。

解説 種子が科学の実習に最適だという理由が分からないと話す学生に対し，教授は下線部 **2** で「種子は安価で，簡単に手に入り，科学の実習のためのスペースもあまり取らない」という種子の利点を挙げている。これに該当する Ⓐ ，Ⓓ が正解。

3 正解 Ⓑ

訳 教授によれば，ペチュニア種子とベゴニア種子について正しいものはどれか。
Ⓐ 科学の実習に使用することができない。
Ⓑ ペチュニア種子はベゴニア種子より大きい。
Ⓒ ベゴニアの鞘 1 個に 7 万個の埃のような種子が入っている。
Ⓓ 1 個のペチュニア種子の鞘は 7,000 グラムある。

解説 ペチュニア種子についての説明に続く下線部 **3** の「しかしベゴニアの種子はもっと小さい」から，Ⓑ が正解。

4 正解 **B**

訳 教授と話した後，学生はどのような気分になったか。

A さらに混乱した。

B より自信が持てた。

C 奮起した。

D さらに疲れた。

> **解説** 授業で分からないことがあるという学生に対し，教授はいろいろと説明した後で，Do you follow me? と言って，学生が理解できたかを確認している。それに対して学生はYes と答え，最後に下線部 **4** で「これで前より気持ちが楽になってきた」と答えている。これは，「自分は（何とか理解できて，ある程度不安が取れたので）大丈夫です」という意味なので，**B**「より自信が持てた」が正解。

会話の一部をもう一度聞き，質問に答えなさい。（スクリプト太字部分参照）

5 正解 **B**

訳 教授はなぜこのように言ってるのか。（スクリプト破線部参照）

A 学生にノートを取らせるため

B 学生の知識を確認するため

C 会話の話題を変えるため

D 学生の意見を尋ねるため

> **解説** 学生が「種子のサイズと形が理由で…」と言いよどんだのを受けて，教授は「この前の授業で種子のサイズと形について話し合ったことを覚えているか」と質問したのだから，**B**「学生の知識を確認するため」が正解。その後で，種子について再度説明している。

講義① 教授1人が話す形式

学習目標

教授1人が話す形式の特徴を知り，正解のコツをつかむ。

ポイント

　講義は，教授と学生のやり取りから成るディスカッション形式と，教授のみが話す形式に分類できます。今日は，教授のみが話す形式について学習しましょう。ディスカッションと異なる点は，教授が順を追って講義を進め，学生が途中で立ち止まって深く考える時間をあまり取れないことです。特に一般教養 (G.E. = General Education) 科目など，多数の受講者がいるクラスではこの形式で講義が進められる傾向にあります。実際の講義では，質問がないかどうか学生に尋ねたり，学生からの質問に答えたりしますが，TOEFL では基本的に教授のみが話す形式となっています。

　この形式の問題では，内容は簡略化されますが，実際にアメリカの大学のカリキュラムになっている科目が出題されます。科目の種類が多く，それぞれの科目に関係する語彙・表現も多いため，聞き取り能力とともに語彙力が必要になります。

　出題される科目は，文学 (literature)，言語学 (linguistics)，政治学 (politics)，経済学 (economics)，歴史学 (history)，教育学 (education)，数学 (math)，植物学 (botany)，生物学 (biology)，物理学 (physics)，医学 (medicine)，天文学 (astronomy)，環境学 (environmental studies) など，多岐にわたります。さらに，最新の科学的トピックも出題される可能性があります。

　このような形式の問題を解くには，問題文を整理して聞き取るテクニックと，それを支える基礎的な知識やスキルが必要です。

　問題文の整理は，下記のポイントを押さえて行いましょう。

1. ディスコースマーカーをヒントに，段落の主要な意味を把握する。

2. 講義全体の要旨，目的，結論，解決されていない問題点などを把握する。

　問題文を整理するためには，ノート・テイキングのスキルと語彙の知識が必要です。ノート・テイキングに関しては，STEP 4 を参考にして練習してください。語彙の知識に関しては，STEP 11 〜 STEP 15 の Exercise や実戦練習，Final Test で広範な題材を取り上げていますので，そのつど学習していきます。

Now get ready to answer the questions.
You may use your notes to help you answer.

1 What is the most widely accepted hypothesis about the Native Americans?
Ⓐ They were the first Caucasians to arrive.
Ⓑ They were hunters rather than farmers.
Ⓒ They were inhabitants of the Rocky Mountains.
Ⓓ They were descendants of Asians.

2 Where was the probable crossing point of the first inhabitants?
Ⓐ The Bering Sea
Ⓑ The North Pole
Ⓒ Canada
Ⓓ The Rocky Mountains

3 Put the following groups of people coming to the Northwestern United States in the correct order from first to last.
Ⓐ Trappers
Ⓑ Farmers
Ⓒ Miners
Ⓓ Native Americans

4 Match each group to what they did.
Ⓐ Christian missionaries
Ⓑ The ranchers
Ⓒ The miners

(1) Very few of them became rich.	
(2) They provided a cultural bridge.	
(3) They often came in wagon trains.	

5 What was required of someone wishing to have a homestead?
Ⓐ Building a home and staying there for a while
Ⓑ Purchasing the land, then farming it
Ⓒ Making good relationships with the Native Americans
Ⓓ Finding land that had been previously claimed

Listen to part of a lecture in a history class.

In the area of the Northwestern United States known as the Rocky Mountains, **3-D** the first inhabitants were the Native Americans. **1** The most widely accepted hypothesis is that they were descendants of Asians **2** who crossed the Bering Sea and migrated down through present-day Alaska and Canada.

3-A Among the first wave of Caucasians to come were many trappers and fur traders. For trinkets and beads, they could acquire valuable pelts from the Native Americans. Often they actually lived with the Native Americans, learning the ways of the wild, and even taking Native American wives. The same period marked the arrival of the first Christian missionaries. Besides spreading the Gospel, they often helped to educate the Native Americans, **4-A** and provided an important cultural bridge.

3-C Later, gold fever brought another group, the miners, looking for easy riches. **4-C** Most could do little more than cover their expenses, and the work was arduous and dirty. With each strike, towns could boom into thriving communities, or go bust, turning into ghost towns.

3-B In the next wave came more permanent residents — the farmers, ranchers, and settlers. **4-B** Often coming in wagon trains, they braved the perils of the trail for the promise of a fresh start in a pristine land. If their wagons lasted the distance, and if they could survive Native American attacks, droughts in the deserts, snowstorms in the high mountains and the difficult trip itself, they had the right to a homestead. **5** That is, by building a home on a plot of previously unclaimed ground and staying there for a few years, the property would become legally theirs.

音声聞き取りのポイント

アメリカ先住民はアジアからベーリング海を渡って北米大陸にやって来たと言われていること，19世紀半ばにカリフォルニア州で金が発見されてゴールドラッシュとなったこと，19世紀末に合衆国政府が一定の条件を付けて入植希望者に土地の所有権を与えたことなど，アメリカ史の知識を持っていれば，聞き取りやすいでしょう。

この英文で使用されている語彙を見てみましょう。

the Rocky Mountains「ロッキー山脈」, inhabitants「住民」, the Native Americans「アメリカ先住民」, hypothesis「仮説」, the Bering Sea「ベーリング海」, Caucasians「白色人種」, trinkets「(宝石，指輪などの)装身具」, Christian missionaries「キリスト教宣教師」, the Gospel「(聖書の)福音書」, cultural bridge「文化的かけ橋」, permanent residents「永住者」, homestead「農場，家屋敷」, unclaimed ground「所有権を持つ人がいない土地」

TOEFLでは，専門的な知識が問われることはありませんが，教養程度の知識が必要な問題は出題されます。日本語でも構いませんので，幅広い分野の知識を仕入れておくとよいでしょう。

スクリプトの訳

歴史学の講義の一部を聞きなさい。

ロッキー山脈として知られている米国北西部における最初の住民は，アメリカ先住民でした。最も広く受け入れられている仮説は，彼らはアジア人の子孫であり，ベーリング海を渡り，現在のアラスカとカナダを通って移住してきたというものです。

最初にやって来た白人の第一波は，多くの猟師や毛皮商人でした。彼らは装身具やビーズと引き換えに，価値のある動物の毛皮を先住民から入手することができました。彼らはしばしば，実際に先住民と生活をともにし，荒野で生きる術を学び，先住民の女性を妻にすることさえありました。同じ時期に，最初のキリスト教宣教師が訪れました。福音を広める他に，しばしば先住民の教育を支援し，重要な文化的かけ橋となりました。

後にゴールドラッシュによって，別の集団，すなわち鉱山労働者が一攫千金を求めてやって来ました。出費をまかなうのが精いっぱいという人がほとんどでしたし，きつくて汚い仕事でした。金が発見されるたびに，町は活気づき豊かになっていくか，さもなければ破産してゴーストタウンと化しました。

次の波でやって来たのは，それまでより長く定住する人々，つまり農場主，牧場主，入植者などでした。彼らはしばしば幌馬車でやって来て，未開の地での新たな出発を誓い，道中の危険に勇敢に立ち向かいました。幌馬車で長距離を走破し，アメリカ先住民の襲撃，砂漠での渇水，高地での吹雪，そして辛い旅自体を切り抜けることができた場合に，彼らは農地に対する権利を得ました。すなわち，それまで所有権を持つ人が誰もいなかった土地に家を建ててそこに何年か住むことにより，その土地の所有権が法的に認められたのです。

1 正解 **D**

訳 アメリカ先住民に関して最も広く受け入れられている仮説は何か。
A 彼らは最初にやって来た白人だった。
B 彼らは農民というよりむしろ猟師だった。
C 彼らはロッキー山脈の住民だった。
D 彼らはアジア人の子孫だった。

解説 下線部**1**で「最も広く受け入れられている仮説は，彼らはアジア人の子孫であるというものである」と述べているので，正解は **D**。

2 正解 **A**

訳 最初の居住者が横断してきた場所はどこだったと思われるか。
A ベーリング海
B 北極
C カナダ
D ロッキー山脈

解説 最初の居住者，すなわちアメリカ先住民については，下線部**2**で「ベーリング海を渡り，現在のアラスカとカナダを通って移住してきた」と説明されている。よって正解は **A**。

3 正解 **D** → **A** → **C** → **B**

訳 米国北西部にやって来た以下の人々の集団を，時系列順に正しく並べなさい。
A 猟師
B 農民
C 鉱山労働者
D アメリカ先住民

解説 下線部**3-D**に「最初の住民は，アメリカ先住民」とあるので，**D** が最初。次に下線部**3-A**に「最初にやって来た白人の第一波は，多くの猟師や毛皮商人」とあるので，**A** が続く。その後下線部**3-C**に「後にゴールドラッシュによって，別の集団，すなわち鉱山労働者が一攫千金を求めてやって来た」とあるので，**C** が続く。最後に下線部**3-B**に「次の波でやって来たのは，それまでより長く定住する人々，つまり農場主，牧場主，入植者などだった」とあるので，最後は **B** となる。順番は注意して聞き取り，メモを取るようにしよう。

4 正解　(1) Ⓒ　(2) Ⓐ　(3) Ⓑ

訳　それぞれの集団と彼らが行ったことを結びつけなさい。

Ⓐ　キリスト教宣教師

Ⓑ　牧場主

Ⓒ　鉱山労働者

(1)　ほんの一握りの人々しかお金持ちになれなかった。

(2)　彼らは文化的橋渡しをした。

(3)　彼らはしばしば幌馬車でやって来た。

解説　Ⓐ については下線部 **4-A** に「重要な文化的かけ橋となった」とあるので，(2) が該当する。Ⓑ については下線部 **4-B** に「彼らはしばしば幌馬車でやって来た」とあるので，(3) が該当する。Ⓒ については下線部 **4-C** に「出費をまかなうのが精いっぱいという人がほとんどだった」とあるので，(1) が該当する。

5 正解　Ⓐ

訳　農地の所有を望む人々には何が求められたか。

Ⓐ　そこに家を建ててしばらく住むこと

Ⓑ　土地を購入し，耕作すること

Ⓒ　アメリカ先住民と良い関係を作ること

Ⓓ　所有権がすでに主張されている土地を見つけること

解説　下線部 **5** に「それまで所有権を持つ人が誰もいなかった土地に家を建ててそこに何年か住むことにより，その土地の所有権が法的に認められた」とある。

講義② ディスカッション

学習目標

ディスカッションの進め方や特有の表現に慣れる。

ポイント

　講義の目的とは，学生に知識を与え，思考力を向上させることです。このうち，学生に発言を促しながら進めるディスカッションは，新しい知識を学生自身が吟味し，その本質を考えるのに役立ちます。議論の中で生まれた疑問を解決しようとすることにより，知識がより深まり，思考力も高まります。

　ディスカッションは，以下のようなプロセスに沿って進められます。

1. まず，教授がトピックを簡単に説明し，その講義で学ぶべき具体的な内容を学生に認識させます。

　　・Today, we will discuss ～ .「今日は，～について話します」

　　・We are going to turn our attention to ～ today.
　　「今日は～について考えてみましょう」

2. 次に，トピックに関連する簡単な質問を学生に投げかけ，その授業への参加意識を高めます。

　　・Now, what kind of ～ …, Karen?

　　「では，どのような種類の～が…でしょうか。カレン，どうですか」

　　・What do you think about ～?「～についてどう思いますか」

3. その後，教授は学生が答えた内容を踏まえて，講義の本題に入ります。必要に応じて，質問と応答を繰り返します。

　　・That's right. / Exactly.「その通りです」

　　・What is another problem?「他の問題はありますか」

　　・That is a difficult question.「それは難しい質問ですね」

　　・Interesting point.「面白い見方ですね」

　　・That's a really good point.「大変良いところを突いていますね」

4. 教授がその日のトピックの結論をまとめるか，結論に至らない場合は一区切りをつけて，次の講義につなげます。

　　ディスカッションをより効率的に理解できるよう，一般的な進め方と，それに伴う表現を学習します。まずは，ディスカッションの流れを意識しながら問題文を聞き，Exercise を解いてみましょう。

Exercise

Now get ready to answer the questions.
You may use your notes to help you answer.

1 Which source of energy has been newly found?
- Ⓐ New organic materials
- Ⓑ Natural gas
- Ⓒ Shale gas
- Ⓓ Nuclear power

2 Which of the following did Karen refer to as a fossil fuel?

Click on 2 answers.

- Ⓐ Natural gas
- Ⓑ Oil
- Ⓒ Methane hydrate
- Ⓓ Coal

3 According to the lecture, which of these would be on a typical logo of a big oil company?
- Ⓐ A gas pump
- Ⓑ A bear
- Ⓒ A car
- Ⓓ A dinosaur

4 What does Steven think is a problem?
- Ⓐ The supply of fossil fuels is finite.
- Ⓑ There is a serious dependency on fossil fuels.
- Ⓒ Fossil fuels evolved into pollution.
- Ⓓ Fossil fuels leave organic waste.

5 What does the professor say about the presence of too much carbon dioxide in the air?
- Ⓐ It reduces water resources.
- Ⓑ It promotes extreme weather.
- Ⓒ It affects food production.
- Ⓓ It melts Arctic and Antarctic ice.

Listen to part of a lecture in an ecology class.

Professor: As I expect all of you already know, our major sources of power are fossil fuels and nuclear power. **1** Er, there is also another fossil fuel recently discovered, shale gas, which is rapidly being adopted as a source of energy. However, today, we will discuss the problems of fossil fuels.**A** So, what kind of fossil fuels do we use now, Karen?**B**

Student A: **2** The major fossil fuels we use now are, err...coal and petroleum.

Professor: Yes, and they are so-named because they are derived from organic materials originating in prehistoric periods.

Student B: So, **3** that's why you can often see, say, scallop shells or dinosaurs in the logos of large oil corporations.

Professor: That's right. Over time, those dead organisms gradually became combustible materials.**C** Now what are the problems with these types of fuels? Steven?**D**

Student B: Our first problem is that **4** the supply of these kinds of fuels is finite.**E**

Professor: If our current rate of consumption continues, there will come a day when the oil fields run dry, and the coal fields are depleted. What is another problem? Karen?**F**

Student A: I think another problem is... um, pollution.

Professor: That's right.**G** Combustion of any of these materials results in carbon monoxide and carbon dioxide in our air, as well as carbon residues in machinery, and contaminated land and water. However, a more serious problem today is the greenhouse effect. **5** Too much carbon dioxide in the atmosphere causes the Earth to warm up, encouraging extreme climate events.**H** Well, we will discuss this topic next week.

音声聞き取りのポイント

① 教授が主な電力源の種類を述べてから，Ⓐ However, today, we will discuss the problems of fossil fuels. と言って，この日の講義のテーマは化石燃料の問題点であることを明示している。

② 次に，学生を積極的に議論へ参加させるため，Ⓑで So what kind of fossil fuels do we use now, Karen? と質問を投げかけている。

③ 学生の応答を That's right. と肯定した後，Ⓒ Over time, those dead organisms gradually became combustible materials. でさらに知識を与えている。

④ Ⓓで Now what are the problems with these types of fuels? と問いかけ，本題に入っている。指名された学生はⒺで Our first problem is that the supply of these kinds of fuels is finite. と答えを出す。教授は学生の答えを具体的に補足した後，さらに別の観点を求めるため，Ⓕで What is another problem? Karen? と他の学生に質問をする。学生の意見に対してⒼで That's right. と肯定し，これについても補足説明をする。

⑤ 最後にⒽで，学生からの意見に答える形で，化石燃料にまつわる問題の深刻さを説明している。

スクリプトの訳

生態学の講義の一部を聞きなさい。

教授：主な電力源は化石燃料と原子力だということは，みなさんはもう知っていますよね。えー，最近新たにシェールガスという別の化石燃料も発見され，エネルギー源として急速に普及してきています。ですが今日は，化石燃料の問題点について議論しましょう。では現在使われている化石燃料にはどのようなものがありますか，カレン？

学生A：現在私たちが利用している主な化石燃料は，えーと…，石炭と石油です。

教授：そうですね。化石燃料という名称で呼ばれているのは，先史時代の有機物質から抽出されるからです。

学生B：だから，大きな石油会社のロゴに，例えば，ホタテ貝の殻や恐竜などをよく見るのですね。

教授：その通りです。時がたち，これらの死んだ有機物は徐々に可燃性物質になったのです。では，この種の燃料に関する問題点は何でしょうか，スティーブン？

学生B：第1の問題は，このような燃料の供給量が有限だということです。

教授：もし，今のペースのまま消費し続ければ，油田が枯渇し，石炭も掘り尽くされる日が来るでしょう。他の問題としては何がありますか，カレン？

学生A：他の問題は，うーん，汚染だと思います。

教授：その通り。どのような化石燃料でも，燃焼すると結果として空気中に一酸化炭素や二酸化炭素が放出され，また，機械類の中の残留炭素や，大地や水の汚染が発生します。しかし今日のより重大な問題は温室効果です。空気中に二酸化炭素が多すぎると地球の気温が上がり，異常気象を助長します。えー，この問題に関しましては来週話しましょう。

1 正解 C

訳 新しく発見されたエネルギー源は何か。
A 新有機物
B 天然ガス
C シェールガス
D 原子力

解説 下線部**1**で,「最近新たにシェールガスという別の化石燃料も発見され, エネルギー源として急速に普及してきている」と言っている。よって, C が正解。

2 正解 B D

訳 カレンが化石燃料であると言及したのはどれか。
答えを2つクリックしなさい。
A 天然ガス
B 石油
C メタンハイドレート
D 石炭

解説 下線部**2**で, 主な化石燃料は石炭と石油だとカレンが発言している。よって, B と D が正解。B の Oil は放送文中では petroleum と表現されている。

3 正解 D

訳 講義によれば, 大きな石油会社のロゴによく描かれているものは次のうちのどれか。
A 給油ポンプ
B 熊
C 車
D 恐竜

解説 下線部**3**で「大きな石油会社のロゴに, 例えば, ホタテ貝の殻や恐竜などをよく見る」と言っている。よって, D が正解。

4 正解 （A）

> **訳** スティーブンは何が問題だと考えているのか。
> （A） 化石燃料の供給量は有限だ。
> （B） 化石燃料に対する深刻な依存がある。
> （C） 化石燃料は汚染へと発展した。
> （D） 化石燃料は有機廃棄物を残す。

解説 スティーブンは下線部 **4** で「このような燃料の供給量が有限だということ」だと述べているので，（A）が正解。

5 正解 （B）

> **訳** 空気中の二酸化炭素が多すぎることについて教授は何と言っているか。
> （A） 水資源を減らす。
> （B） 異常気象を助長する。
> （C） 食糧生産に影響を与える。
> （D） 北極と南極の氷を溶かす。

解説 下線部 **5** に「空気中の二酸化炭素が多すぎると地球の気温が上がり，異常気象を助長する」とあるので，（B）が正解。（A），（C），（D）も二酸化炭素が多く存在することで起こり得るが，この講義では触れられていないので不正解。

Column 2 チューター制度／成績評価

　留学生活を成功させるにはまず，留学する大学の履修方法から学位取得に必要な要件など，その大学のシステムを熟知しておかなければなりません。大部分はどの大学でも共通していますが，細かい規則やその呼び名などは大学によって異なるのでチェックしておきましょう。システムやサービス，特に成績評価や，学力向上の援助に関する情報は最大限に活用し，快適な留学生活を送りましょう。

●チューター制度

　教科の学習で困難が生じた場合，学部生 (Undergraduate) はまず担当教員に相談に行きます。相談できる時間は原則的には担当教員のオフィス・アワー (office hour) ですが，担当教員などが必要と認めればチューター (tutor) に支援を受けるよう勧められ，依頼の手続きを取ってくれます。なお，オフィス・アワーとは教員が学生の相談を受けるために，週に何時間か必ず設定しなければならない時間のことで，大学の規則によって定められています。相談するには事前に申し込みが必要な場合もあります。

　担当教員などの紹介をもらってチューター・センター (Tutor Center) に行き，教科専門のチューターに，問題点，自分の希望などを伝えた後，学習方法，期間などを話し合って学習を始めます。たいていの場合，チューターは大学院生で，大学の提供するアルバイトとして，収入を得るために，また自分の専門をより向上させるために働いています。このサービスは無料で提供されているので，最大限活用することをおすすめします。教科学習の向上だけでなく，知的会話の機会が増えるので，留学生ならまさにオーラル・イングリッシュの無料個人レッスンを受けているのと同じです。チューターと話していれば，会話の内容は主に教科のことなので，一般的なオーラルの力が向上するだけでなく，クラスでのディスカッションにもスムーズに入っていくことができるようになるでしょう。

●成績評価

　アメリカの大学の成績は，A（優），B（良），C（可），F（不可）などの段階で評価されます。単位が認定されるのは Undergraduate（学部生）であれば C 以上，Graduate／Postgraduate（大学院生）であれば B 以上です。この成績を点数化するため，A＝4.0，B＝3.0，C＝2.0，F＝0 など点数を決めて，個人の成績の平均点を出します。これを GPA＝Grade Point Average（評定平均値）といいます。例えば，English 10 が A 評価，Linguistics 101 が B 評価，Anthropology 3 が A 評価であれば GPA は 3.7 です。

学期の途中で，登録している科目の内容が難しすぎたり，事情で授業に規定回数出席できなくなったりした場合は，その科目について Withdrawal（登録抹消）の手続きを取らなければなりませんが，Withdrawal は学期が始まって数週間以内しか認められません。もしその期間を過ぎてしまっている場合には，来学期に再度履修し直すように手続きを取り，Incomplete（Ⅰ評価）にすれば GPA に影響はありません。しかし，次の学期も続けて Incomplete にはできないので注意が必要です。上記のような手続きを取らず，そのままにしておいた場合，評価は F になり，F も評定平均値に反映されるので，GPA が著しく低い結果になります。

　この GPA は奨学金取得，大学院進学，他大学への転学（Transfer）など，学生生活では非常に重要となってくるので，在学中はできるだけ努力し，少しでも GPA を上げておきたいものです。例えば，大学院に進学するためには GPA 3.0 以上が求められます。また奨学金についても GPA は重視されますので，多くの場合 3.5 以上は必要と考えた方がよいでしょう。成績が著しく悪い場合や，特に留学生で学生ビザを維持するために必要な単位数が取れていない場合には，academic probation（成績不良改善勧告）がきます。次の学期に成績，取得単位数などが改善されなければ，放校処分になりますので注意してください。

学習目標

生物学の講義を聞き，それに関連する語彙，表現を学習する。

ポイント

　生物学の範疇に含まれるものには，botany「植物学 (plants)」，zoology「動物学 (animals)」，ornithology「鳥類学 (birds)」，entomology「昆虫学 (insects)」，mycology「菌類学 (fungi)」，microbiology「微生物学 (microorganisms)」，bacteriology「細菌学 (bacteria)」などがあります。また，関連分野として biochemistry「生化学」や，molecular biology「分子生物学」などがあります。

　TOEFLでは特別な知識を必要としない話題が選ばれることが前提とはいえ，基礎的な語彙力がなければ十分に内容を理解して聞き取ることができません。リーディングであれば，前後関係や単語の形から意味を推測できますが，リスニングでは，初めて耳にする語，特にギリシャ語を起源とする専門用語などの意味を，音から推測しようとしても難しいはずです。

　例えば，上記の中では，ornithology という音を聞いて「鳥の話だな」，entomology と聞いて「どんな昆虫が出てくるのだろうか」と考えられる人は少ないでしょう。

　学問分野を表す語については，その関連用語も含めて，意味と発音をまとめて学習しておくとよいでしょう。

xercise

 track 57-62

Now get ready to answer the questions.
You may use your notes to help you answer.

1 Where do poisonous snakebites commonly occur?
 Ⓐ In dark, rocky places
 Ⓑ Near nests of snakes in holes and caves
 Ⓒ In rivers and lakes
 Ⓓ In fields and forests

2 What may we deduce is milking?

   Ⓐ Extracting venom

   Ⓑ Injecting blood into a horse

   Ⓒ Building venom resistance in the blood

   Ⓓ Treating the victim

3 According to the lecture, how is antivenin made? Put the steps of the process of making it in order.

   Ⓐ The antivenin-rich plasma is separated.

   Ⓑ The venom is injected into the horse.

   Ⓒ The snake is milked of its venom.

   Ⓓ The blood is extracted from the horse.

4 What is an elastic bandage used for?

   Ⓐ Immobilizing the limb

   Ⓑ Controlling the spread of the poison

   Ⓒ Stopping the bleeding

   Ⓓ Transporting the victim

5 Which of the following is a reported symptom of poisonous snakebites?

Click on 2 answers.

   Ⓐ Swelling

   Ⓑ Unconsciousness

   Ⓒ Uncontrollable shaking

   Ⓓ A darkening of the skin

Listen to part of a lecture in a biology class.

Snakebites are a serious problem in Southeast Asia.

The poison strikes the nervous system, and if the dosage is large enough that the victim's brain cannot adequately send clear signals to various parts of the body, death occurs. Nearly all of these deaths are preventable with antidotes. Unfortunately, **1** most of the casualties are poor farmers who are bitten while working in the fields and forests.

They lack the technology to prepare antivenin, although the procedure is not so complicated. First, **2** **3-C** the snake is caught and milked of its venom by placing its fangs over a container. **3-B** Then the venom is injected into a horse in increasingly large amounts so that the horse can gradually build up resistance to the poison. When the horse has acquired a high level of tolerance, **3-D** its blood is extracted by needle. **3-A** The antivenin-rich plasma is separated, and then stored in refrigerated facilities.

If a snakebite occurs, immediate treatment is essential, even before any symptoms appear, which is usually in about ten minutes. **4** Using an elastic bandage to apply pressure over and around the bite will help to prevent the venom from spreading. Then, splinting the affected limb for immobilization will allow the victim to be transported to a hospital for treatment, and arrive in the best possible condition. **5** Within about thirty minutes of injecting antivenin into the snakebite victim, the swelling subsides, and the dark coloration of the skin begins to return to normal. Complete recovery is usually within a few hours.

Exerciseの語彙・表現

毒ヘビに噛まれて人が死に至る過程や，噛まれたときの対処法を述べている講義です。被害にあったときに必要な血清，その血清の作成法，使用法，その効果などに関する単語，表現が出てきます。まずは音声を聞いて，理解できなかった語句を以下のリストで確認してください。その後，もう一度音声を聞き，問題を解いてみましょう。

snakebite　毒ヘビに噛まれること，またその傷

dosage　用量
　＊一般的には薬の投薬量を指す語。放射線の被ばく量という意味もある。この講義の
　　中では，毒の量という意味で用いられている。

antidote　解毒剤

casualty　（事故，事件による）死傷者

antivenin　（ヘビやクモなどの毒に対する）抗毒血清

venom　毒

inject　〜を注入する

resistance to 〜　〜に対する抵抗力

extract　〜を抽出する

antivenin-rich plasma　抗蛇毒素血清が豊富な血しょう

treatment　治療

splint　〜に添え木をあてる

swelling　腫れ

スクリプトの訳

生物学の講義の一部を聞きなさい。

　東南アジアにおいて，ヘビに噛まれることは深刻な問題です。

　毒ヘビの毒は神経系統に打撃を与え，毒の量が十分に多く，犠牲者の脳が体のさまざまな部位に明確な信号を適切に送ることができなくなった場合，死に至ります。解毒剤があれば，こうした死のほとんどは防ぐことができます。不幸にも，これらの犠牲者のほとんどは貧しい農民で，野原や森で仕事をしているときに噛まれています。

　（血清を）作る方法は複雑ではないのですが，彼らには抗毒血清を作る技術が欠けています。まずはヘビを捕獲し，容器の上にその毒牙をあてて毒を抽出します。次にその毒を馬に注入し，その量を次第に増やしていきます。そうすると馬は徐々に毒に対する抗体を作り上げていくことができます。馬に高レベルの耐性ができた時点で，注射針でその血液を抽出します。抗蛇毒素血清が豊富な血しょうを分離し，冷蔵設備で保存します。

　もしヘビに噛まれたら，症状が現れる前でも，速やかに手当てする必要があります。症状が現れるまでは通常，10 分ほどです。伸縮性のある包帯を傷口とその周辺に押し付けてあてがい，毒が広がるのを防ぎます。それから傷口のある手や足に添え木をして固定することで，被害者を可能な限り最善の状態で医療施設へ移送することができます。被害者は血清を投与されると，約 30 分以内に腫れは収まり，皮膚の黒ずみは正常に戻り始めます。通常，数時間以内で完全に回復します。

1 正解 Ⓓ

> **訳** 毒ヘビに噛まれることがよくあるのはどこか。
> Ⓐ 暗くて岩の多いところ
> Ⓑ 穴や洞窟のヘビの巣の近く
> Ⓒ 川や湖
> Ⓓ 野原や森

> **解説** 下線部**1**で，農民が野原や森で仕事をしているときにヘビに噛まれることが多いと説明されている。よって，Ⓓ が正解。

2 正解 Ⓐ

> **訳** milking とはどのようなことだと推測されるか。
> Ⓐ 毒を抽出すること
> Ⓑ 馬に血液を注射すること
> Ⓒ 血液中に毒の抗体を作ること
> Ⓓ 犠牲者の治療をすること

> **解説** milk という単語は下線部**2**に出てくる。この前の文は「（血清を）作る方法は複雑ではない」という内容なので，下線部**2**の「ヘビを捕獲し，毒が milk される」は，血清を作る手順の説明と推測できる。続く文は「次にその毒を馬に注入する」なので，milk の意味に合うのは Ⓐ「毒を抽出すること」である。

3 正解 Ⓒ → Ⓑ → Ⓓ → Ⓐ

> **訳** 講義によれば，抗毒血清はどのようにして作られるか。作成工程の手順を順番に並べなさい。
> Ⓐ 抗蛇毒素血清が豊富な血しょうを分離する。
> Ⓑ 毒を馬に注射する。
> Ⓒ ヘビから毒を搾り出す。
> Ⓓ 馬から血液を抽出する。

> **解説** 下線部**3-A**〜**3-D**を参照。Ⓒ「ヘビを捕獲し，毒を抽出する」→ Ⓑ「毒を馬に注入する」→ Ⓓ「注射針で（馬の）血液を抽出する」→ Ⓐ「抗蛇毒素血清が豊富な血しょうを分離する」という流れで作られる。

4 正解 Ⓑ

訳 伸縮性のある包帯は何のために使われるか。
Ⓐ 手や足を固定する
Ⓑ 毒の拡散を抑える
Ⓒ 止血をする
Ⓓ 患者を搬送する

解説 下線部**4**で包帯の使い方が説明されている。「伸縮性のある包帯を傷口とその周辺に押し付けてあてがい，毒が広がるのを防ぐ」と言っているので，Ⓑが正解。

5 正解 Ⓐ Ⓓ

訳 毒ヘビに噛まれたときの症状として報告されているものは以下のうちのどれか。

答えを2つクリックしなさい。

Ⓐ 腫れ
Ⓑ 意識の消失
Ⓒ 抑え難い震え
Ⓓ 皮膚の黒ずみ

解説 下線部**5**に「血清を投与されると，約30分以内に腫れは収まり，皮膚の黒ずみは正常に戻り始める」とあることから，Ⓐ「腫れ」，Ⓓ「皮膚の黒ずみ」が噛まれた後に現れる症状だと考えられる。

政治学の講義

学習目標

アメリカの民主主義の講義を聞き，それに関連する語彙，表現を学習する。

ポイント

　アメリカの大学では，GE(general education, 一般教養科目)の political science (政治学)で American Democracy が必修科目となっており，特に大統領の選出方法は重視されているようです。

　American Democracy は現在，自由主義圏の政治のひな形のようになっていますが，アメリカの大統領は少し変わった方法で選出されており，国民が直接大統領を選ぶ直接選挙は行われていません。国民は選挙人を選び，選挙人が大統領を選ぶ間接選挙が採用されているのです。これを時代遅れの制度と考えている人もいるようです。

　今日は，国民の政治参加に関して 19 世紀初頭から長きにわたって続いている論争をテーマにした講義の一部を聞いてみましょう。

Exercise  track 63 - 68

Now get ready to answer the questions.
You may use your notes to help you answer.

1 Which time period is mainly covered?
  (A) Ancient Greece
  (B) The early nineteenth century
  (C) The beginning of democracy
  (D) The invention of the printing press

2 | According to the lecture, what did Hamilton believe?

Click on 2 answers.

- Ⓐ Most laymen were not to be trusted.
- Ⓑ The official representatives should make decisions about governing the people.
- Ⓒ Each common person should be involved in running the government.
- Ⓓ Citizens should vote for members of an electoral college.

3 | Who was known as the "People's President"?

- Ⓐ Democratic representatives
- Ⓑ Each common person
- Ⓒ Alexander Hamilton
- Ⓓ Andrew Jackson

4 | Who directly chooses the U.S. President now?

- Ⓐ The representatives
- Ⓑ The governors
- Ⓒ The voters
- Ⓓ The electoral college

Listen again to part of the lecture.
Then answer the question.

5 | What does the professor mean when he says this: 🎧

- Ⓐ America's ideals of democracy were not quite the same as the ancient societies that inspired it.
- Ⓑ The concept of democracy originated from ancient Greek city-states.
- Ⓒ In a democratic society like ancient Greece, every person had the right to vote.
- Ⓓ America practiced democracy with a majority decision ruling the issues.

Listen to part of a lecture in a political science class.

After the United States Constitution was ratified and became law, it became necessary to put the ideals into practice. **You see, the concept of democracy had its roots in the direct democracy practiced in ancient Greek city-states. There, each free man had the right to vote on issues and majority decision ruled. But America became a democratic republic in which the representatives were elected in a democratic process for the responsibility of decision-making.**

1 The amount of power each common person could wield in the governmental process was a major point of contention in the early 1800s, the focus of our lecture today. One man, **2-A** Alexander Hamilton, believed that most laymen were not to be trusted because they lacked education, knowledge, and reasoning skills. Imagine saying that kind of thing today. Anyway, **2-B** he thought therefore that decisions about governing the people should be made exclusively by the official representatives who knew best. In all fairness, at that time there was limited education, literacy, and access to information, even through printed words.

In contrast, Andrew Jackson thought that each common person should be involved in running the government as much as possible. Even though some of his policies were a far cry from what we might expect in this century, **3** he was known as the "People's President." Even nearly two centuries later, this conflict of Hamiltonian and Jacksonian democracy has not been resolved. For example, **4** citizens vote for members of an electoral college that decides who will be President. And some voters think a direct election system would be better.

Exerciseの語彙・表現

ハミルトンとジャクソンという2人の人物の，政治参加に対する考え方が紹介されています。それぞれの主張の違いを理解し，それが現在のアメリカ政治にどう影響しているのかを聞き取りましょう。音声を聞いて理解できなかった語句を以下のリストで確認し，その後，もう一度音声を聞いて問題を解いてみましょう。

constitution　憲法
　＊the United States Constitution は世界で初めての成文憲法。

ratify　〜を批准する
　＊憲法案や国の代表者が署名した条約などを，国内で権限を与えられた立場の者が確認し，同意すること。

direct democracy　直接民主制
　＊その社会の構成員（住民，国民）が代表者を介さずに直接意思決定に参加する制度。民主制発祥の地である古代ギリシャの都市国家で行われていた。

democratic republic　民主共和制
　＊民主的手続きによって選ばれた代表者が，人々のために政治決定を行う制度。

reasoning skills　論理的能力

official representative　公式代表者

electoral college　選挙人団
　＊選挙に参加する権利を持つ集団。この講義の中では，アメリカ大統領，副大統領を選ぶ権利を持つ人たちを指している。国民によって選ばれる。

college　（共通の利害を持つ）団体，協会，選挙民たち

direct election system　直接選挙制
　＊その社会の構成員（住民，国民）が直接代表者を選ぶ選挙制度。

スクリプトの訳

政治学の講義の一部を聞きなさい。

　合衆国憲法が批准されて法となった後，その理念を実行に移すことが必要となりました。みなさんも知っているでしょうが，民主主義の概念の起源は，古代ギリシャの都市国家における直接民主制にあります。そこでは，個々の自由人が争点に対する投票権を持っており，多数決が原則でした。しかしアメリカは民主共和制になり，民主的手続きによって選ばれた代表者が，意思決定の責任を負いました。

　今日の講義の焦点である1800年代初期，政治のプロセスにおいて一般の個々人がどこまで権力を行使できるのかが議論の争点となりました。アレキサンダー・ハミルトンという人物は，ほとんどの（政治的）素人は教育，知識，論理的能力に欠けており，信頼できないと考えていました。今日，そのようなことを言ったらどうなるか想像してみてください。ともかく，それゆえ彼は，国民の統治に関する決定は，政治を最もよく知っている公式代表者のみが行うべきであると考えました。公正を期して言えば，その当時は教育や識字能力が限られており，印刷物を通じてさえ十分な情報を得ることが難しかったのです。

彼とは対照的にアンドリュー・ジャクソンは，個々の一般人はできる限り政府の運営に関わるべきだと考えていました。彼の政策の一部は，今世紀において私たちが期待したであろうものとかなりかけ離れていましたが，彼は「民衆の大統領」として知られていました。かれこれ200年たった今でも，このハミルトン派とジャクソン派の民主主義論争は決着していません。例えば，国民は誰が大統領になるかを決める大統領選挙人団を選出します。しかし有権者の中には，直接選挙制の方が良いと考える人もいるのです。

1 正解 Ⓑ

Ⓐ 古代ギリシャの時代
Ⓑ 19世紀初期
Ⓒ 民主主義の始まり
Ⓓ 印刷機の発明

訳 主にどの時代を取り扱っているか。

> **解説** 下線部 1 で「今日の講義の焦点である1800年代初期，政治のプロセスにおいて一般の個々人がどこまで権力を行使できるのかが議論の争点となった」とあるので，Ⓑ「19世紀初期」が正解。

2 正解 Ⓐ Ⓑ

訳 講義によると，ハミルトンはどのようなことを信じていたか。

> 答えを2つクリックしなさい。

Ⓐ 素人の大半は信頼すべきではない。
Ⓑ 公式代表者が人々の統治に関する決定を下すべきである。
Ⓒ 一般の個々人が政府の運営に関与すべきである。
Ⓓ 市民が大統領選挙人団を選出すべきである。

> **解説** 下線部 2-A で，「ハミルトンは，ほとんどの（政治的）素人は教育，知識，論理的能力に欠けており，信頼できないと考えていた」こと，下線部 2-B で，「国民の統治に関する決定は，公式代表者のみが行うべきであると考えていた」ことが説明されている。

3 正解 Ⓓ

> **訳** 「民衆の大統領」として知られていたのは誰か。
> Ⓐ 民主党議員
> Ⓑ 一般の個々人
> Ⓒ アレキサンダー・ハミルトン
> Ⓓ アンドリュー・ジャクソン

> **解説** 下線部 **3** で「彼は『民衆の大統領』として知られていた」とあり，ここでの he は前文に登場するジャクソンを指しているので，Ⓓ が正解。

4 正解 Ⓓ

> **訳** 今日，直接的に米国大統領を選出しているのは誰か。
> Ⓐ 国会議員
> Ⓑ 知事
> Ⓒ 有権者
> Ⓓ 大統領選挙人団

> **解説** 下線部 **4** に，「国民は誰が大統領になるかを決める大統領選挙人団を選出する」とあるので，Ⓓ が正解。

講義の一部をもう一度聞き，質問に答えなさい。（スクリプト太字部分参照）

5 正解 Ⓐ

> **訳** 教授はこのように言ったとき，何を意味しているか。（スクリプト破線部参照）
> Ⓐ アメリカにおける民主主義の理念は，それにインスピレーションを与えた古代社会と全く同じではなかった。
> Ⓑ 民主主義の概念の起源は，古代ギリシャの都市国家にある。
> Ⓒ 古代ギリシャのような民主主義社会では，すべての人が投票権を持っていた。
> Ⓓ アメリカは多数決で争点を裁定して民主主義を行った。

> **解説** 教授の発言は But で始まっているので，これより前の内容とは違うことが主旨と考えられる。つまり「民主主義の概念の起源は，古代ギリシャの直接民主制で，個々が投票権を持っていた」のだが，「アメリカは民主共和制になり，代表者が，意思決定の責任を負った」（破線部）ので，発言の要点は「アメリカの民主主義の理念は，それにインスピレーションを与えた古代社会と全く同じではなかった」という Ⓐ が正解。

13 芸術の講義

学習目標

芸術の講義を聞き，それに関連する語彙，表現を学習する。

ポイント

「芸術 (Arts)」の分野の講義には，この Exercise で取り上げる音楽 (Music)の他，建築 (Architecture)などがあります。

TOEFL で扱われるトピックとしては，例えばアーティストの業績があります。もし東洋の，特に日本のアーティストであれば，日本人学習者にとってそれほど難しくないでしょうが，実際には，欧米系のアーティストを扱う問題が大半を占めているようです。しかも，今活躍している人ではなく，歴史的に業績が認められている人の話が出題される可能性が高いのです。ですから，こういった人物についてある程度知識があれば，リスニングの際に役に立つでしょう。全く知らない人物の話が出題された場合は，「どのような理由で有名なのか」「いつ頃，どのような実績を上げたか」などに注意しながら聞くといいでしょう。

Now get ready to answer the questions.
You may use your notes to help you answer.

1 What were given as examples of a type of song accompanied by an early guitar?

> Click on 2 answers.

- Ⓐ Classical music
- Ⓑ Ballads
- Ⓒ Folk songs
- Ⓓ Tonal songs

2 Which of the following best represents a contribution made by Andres Segovia?
- Ⓐ He modernized guitar music during the 20th century.
- Ⓑ He didn't recognize the lyre as a serious instrument.
- Ⓒ He started his own network of players of his style.
- Ⓓ He transcribed music from his native country.

3 According to the lecture, how long did Segovia perform?
- Ⓐ Nearly a decade
- Ⓑ Nearly twenty years
- Ⓒ Nearly fifty years
- Ⓓ Nearly one hundred years

4 The professor explains a series of events about Segovia. Put the events in order.
- Ⓐ He continued performing even though his fingers began to shake.
- Ⓑ Players of his style formed a worldwide network.
- Ⓒ He rearranged classical music.
- Ⓓ His virtuosity became increasingly popular.

Listen again to part of the lecture.
Then answer the question.

5 What does the professor mean when she says this?
- Ⓐ Segovia is very well known for his excellent guitar performances.
- Ⓑ Segovia is still best known for his performances of songs from Spain.
- Ⓒ Segovia played various kinds of classical music.
- Ⓓ Various masters wrote many types of classical music for Segovia.

Listen to part of a lecture in a music class.

As we continue our discussion about the strings, today I would like to focus on the guitar as a recognized classical instrument. Last lecture, we made reference to the Greek stringed instruments which have been used for thousands of years in the form of lyres and harps, but guitars as we know them first appeared in the last few hundred years. **1** Early guitars were primarily used to accompany singers of ballads, and by people performing traditional folk songs.

2 It was not until the twentieth century that the guitar started to be considered a serious instrument, largely due to the efforts of one man, Andres Segovia. **4-C** Segovia painstakingly transcribed and rearranged classical music to fit the tonal range, frequency range, and fingering limitations of the guitar.

Although he performed many types of classical music written by various masters, he is probably best remembered for performing his superb renditions of music from his native Spain. **3** Over the course of his life, he consistently astounded audiences, performing for nearly a century. **4-D** As his virtuosity became increasingly popular, **4-B** his students, and their students, and so on, began to form a worldwide network of players of his style.

Naturally, at the top of the pyramid stood Segovia, with others officially ranked lower within the system. **4-A** In his later years, his hands occasionally trembled during performances, and his speed and technique were not at the caliber of his younger days. But rarely was there ever a disappointed member of the audience. Because even as he aged well beyond the lifespan of most people, he continued to convey his passion for the instrument with each stroke of his fingers.

Exerciseの語彙・表現

弦楽器についての講義で，その優れた演奏技法でギターを世界中に広めたあるスペインの演奏家を取り上げています。英文を聞いて分からなかった語句をチェックしてください。語句の意味を理解した上で，もう一度英文を聞き，問題を解いてみましょう。

the strings　（集合的に）弦楽器，（管弦楽団の）弦楽器パート（の演奏者たち）

stringed instruments　弦楽器

lyre　リラ（古代ギリシャの竪琴）

　＊ liar（うそつき）と同じ発音。

accompany　（歌・楽器）の伴奏をする

transcribe　（他の楽器のために楽曲）を編曲する

tonal range　階調範囲，音調の範囲

frequency range　周波数帯域，周波数の範囲

rendition　演奏，（芸術的な）表現

virtuosity　芸術上（特に音楽）の技巧，妙技

スクリプトの訳

音楽の講義の一部を聞きなさい。

　弦楽器についてディスカッションを続けますが，今日は，古典楽器として広く認められているギターに焦点をあててみたいと思います。前回の講義では，これまで何千年にもわたってリラ（竪琴）やハープといった形で使用されてきたギリシャの弦楽器について触れました。しかし，我々の知っているギターの誕生はここ数百年の間の出来事です。初期のギターは主にバラードを歌う歌手の伴奏として，また伝統的な民謡を演奏する人々によって使われました。

　20世紀になって初めて，ギターは重要な楽器と考えられるようになりましたが，それは主に一人の男性，アンドレス・セゴビアの努力によるものでした。セゴビアは，ギターの階調範囲や周波数帯域，指の動かせる範囲に合うように，苦労を重ねてクラシック音楽を編曲したり再編曲したりしました。

　彼はさまざまな巨匠たちが作曲した多様なクラシック音楽を演奏しましたが，生まれ故郷であるスペイン音楽の卓越した演奏で，おそらく最もよく知られているでしょう。彼は生涯にわたりほぼ一世紀近くもの間，ギターを演奏し，常に聴衆を驚かせ続けました。彼の妙技がますます評判になるにしたがい，彼の弟子やまたその弟子たちなどが彼の演奏様式を受け継ぐ演奏家のネットワークを世界規模で作り始めました。

　当然，セゴビアはそのピラミッドの頂点に立ち，他の演奏家たちはそのシステムの中で正式に下位に位置付けられていました。晩年には，演奏中にときどき手が震えることがあり，そのスピードやテクニックは若いときの力量には及びませんでした。しかし聴衆をがっかりさせることはめったにありませんでした。それは，彼が多くの人々の寿命をはるかに超えた年齢になってもなお，指のひとつひとつの動きで，ギターに対する情熱を伝え続けたからです。

1 正解 Ⓑ Ⓒ

> **訳** 初期のギターが伴奏に使用された歌の例として何が挙げられているか。
>
> 答えを2つクリックしなさい。

Ⓐ クラシック音楽
Ⓑ バラード
Ⓒ 民謡
Ⓓ 調律のとれた歌

> **解説** 下線部**1**に「初期のギターは主にバラードを歌う歌手の伴奏として，また伝統的な民謡を演奏する人々によって使われた」とある。よって，Ⓑ と Ⓒ が正解。

2 正解 Ⓐ

> **訳** アンドレス・セゴビアの貢献を最もよく表しているものはどれか。

Ⓐ 20世紀の間に，ギター音楽を現代化した。
Ⓑ リラを大事な楽器として認めなかった。
Ⓒ 自分の演奏様式を受け継ぐ演奏家たちのネットワークを作った。
Ⓓ 母国の音楽を編曲した。

> **解説** 下線部**2**以降に，20世紀に入って彼の功績によってギターが重要な楽器と認められるようになったことが述べられている。具体的には彼はギターの階調範囲や周波数帯域，指の動かせる範囲に合うように，クラシック音楽を編曲・再編曲したことから，正解は Ⓐ 。

3 正解 Ⓓ

> **訳** 講義によれば，セゴビアはどのくらい演奏を続けたか。

Ⓐ ほぼ10年
Ⓑ ほぼ20年
Ⓒ ほぼ50年
Ⓓ ほぼ100年

> **解説** 下線部**3**で「彼は生涯にわたりほぼ一世紀近くもの間，ギターを演奏した」と述べている。nearly a century を Nearly one hundred years と言い換えた Ⓓ が正解。

4 正解 Ⓒ → Ⓓ → Ⓑ → Ⓐ

> 訳 教授はセゴビアにまつわる一連の出来事を説明している。その出来事を年代順に並べなさい。
> Ⓐ 彼は指が震え出すようになっても演奏を続けた。
> Ⓑ 彼の演奏様式を受け継ぐ演奏家たちが世界規模のネットワークを構築した。
> Ⓒ 彼はクラシック音楽を再編曲した。
> Ⓓ 彼の妙技はますます評判になった。

> 解説 下線部**4-A**～**4-D**参照。説明されている順に見ていくと，下線部**4-C**に「セゴビアは，クラシック音楽を編曲したり再編曲したりした」とあるので，Ⓒが最初。下線部**4-D** **4-B**に「彼の妙技がますます評判になるにしたがい，彼の弟子やまたその弟子たちなどが彼の演奏様式を受け継ぐ演奏家のネットワークを世界規模で作り始めた」とあるので，Ⓓ → Ⓑが続く。下線部**4-A**に「晩年には，演奏中にときどき手が震えることがあり」と，その後，それでも聴衆をがっかりさせることはめったになかったとあるので，最後はⒶとなる。

講義の一部をもう一度聞き，質問に答えなさい。（スクリプト太字部分参照）

5 正解 Ⓑ

> 訳 教授はこのように言ったとき，何を意味しているのか。
> Ⓐ セゴビアはその素晴らしいギターの演奏で大変よく知られている。
> Ⓑ セゴビアは今もなお，スペイン音楽の演奏で最もよく知られている。
> Ⓒ セゴビアは多様なクラシック音楽を演奏した。
> Ⓓ セゴビアのために，多くの巨匠がさまざまなクラシック音楽を作曲した。

> 解説 教授が言おうとしているのは，Although から始まる従属節で触れている「クラシック音楽」や「巨匠」ではなく，後半の「スペイン音楽の卓越した演奏で，最もよく知られている」ということである。よって，Ⓑが正解。

学習目標

アメリカ文化の講義を聞き，それに関連する語彙，表現を学習する。

ポイント

　TOEFLでは原則として特別な知識を必要としない問題が出題されるため，文化がテーマにされる場合も，アメリカ文化の一般的な話題が扱われています。ですが，やはり日本人からすればアメリカ特有と感じられるテーマもあるようです。

　Exercise の題材となっているロデオも，大半の日本人にとってはあまりなじみのないものでしょう。ロデオは，西部開拓時代のカウボーイの仕事に必要な技術の向上のために生まれた競技です。現在は当時ほど注目度の高い競技ではなくなりましたが，アメリカ人は今でも自分たちの伝統的文化の一つと考えているようです。

E xercise

 track 75-80

Now get ready to answer the questions.
You may use your notes to help you answer.

1 In which event does the rider jump from a horse to a bull?

  (A) Bronco-riding

  (B) Steer-wrestling

  (C) Tie-down-roping

  (D) Bull-riding

2 Which of the following events involves only horses?

(A) Bronco-riding

(B) Steer-wrestling

(C) Tie-down-roping

(D) Bull-riding

3 When is tie-down-roping a useful skill?

(A) Lasso time

(B) Bareback-riding time

(C) Branding time

(D) Saddling time

4 What is so breathtaking about bull-riding?

(A) The excitement of using a lasso

(B) The difficulty in breathing

(C) The difficulty in jumping off a bull

(D) The danger the bull presents to the thrown rider

5 What improves a rider's safety?

(A) Clowns to take away the bull's attention

(B) Safety equipment for chest protection

(C) Rules which require safety procedures

(D) Leg armor for protection against goring

Listen to part of a lecture in an American cultural studies class.

The rodeo is a competition using skills that used to be very important in daily life or work. A cowboy had to be able to tame a wild horse. This is represented by [2-A] the saddle bronco-riding and bareback bronco-riding events. In both events, the rider must stay on a horse for a specified time, holding only a rein in one hand, and points are given for technique and difficulty in riding a horse. The wilder the horse is, the more points the contestant receives.

[1] [2-B] Steer-wrestling involves jumping off a horse onto a running bull and twisting its head till it falls to the ground. The fastest time determines the winner. [2-C] In tie-down-roping, the cowboy must catch the calf using a lasso. Then he throws it down and ties up three of its legs. Again, the entrant with the best time wins, providing the calf cannot free itself for a certain period of time. [3] This is a useful skill during branding time.

[2-D] Perhaps the most exciting event is bull-riding. Like bronco-riding, the entrant is judged on technique, after staying on the bull for the required time. [4] The difficulty in riding a bull, coupled with the danger of a bull attacking a dismounted rider, provides a breathtaking spectacle.

Unlike the bucking broncos, bulls will intentionally gore or trample anything in sight. [5] Rodeo clowns are employed to distract the bulls once a ride has ended, thus providing a margin of safety, particularly to injured riders.

Exerciseの語彙・表現

英文にはいくつかのロデオ競技が出てきます。説明されているので，きちんと聞けば理解できるはずですが，イメージしづらい部分もあるかもしれません。何度か聞いても分かりづらい場合は以下を参考にしてください。

rodeo　ロデオ（荒牛や荒馬を乗り回したり，投げ縄で牛を捕らえたりする競技）
　　＊もともとの意味は「牧牛を収容するための囲い」，「牧牛の駆り集め」。
bronco　ブロンコ（北米西部平原産の放牧野馬）
　　＊ロデオの競技に用いる馬を表す場合は horse ではなく bronco を使う。
saddle bronco-riding　鞍付き荒馬乗り
bareback bronco-riding　裸荒馬乗り
steer-wrestling　ステア・レスリング（馬に乗ったカウボーイが走っている雄牛に飛び乗り，雄牛の首をひねって地面に倒す競技）

＊牧牛を駆り集める際に，逃げようとする牛を制御するのに必要な技術。

tie-down-roping　タイ・ダウン・ロービング（投げ縄で仔牛を捕まえ，仔牛の3本の脚を縛る競技）

　　＊新しく生まれた仔牛の所有を示すために烙印（branding）を押すときなどに必要な技術。

lasso　投げ縄，（家畜を）投げ縄で捕まえる

providing　〜を条件に　＊provided も同じ意味で使われる。

brand　烙印，烙印を押す

〈注意の必要な語彙・発音〉

cowboy　アメリカ英語では / キャゥボオイ / と発音される場合がある。

rein　手綱，制御手段　＊rain と同じ発音。

スクリプトの訳

アメリカ文化研究の講義の一部を聞きなさい。

　ロデオはかつて日常生活や仕事において非常に重要だった技術を用いる競技です。カウボーイには，野生の馬を飼い慣らす能力が必要でした。これは，鞍付き荒馬乗りや裸荒馬乗りの競技に代表されています。どちらの競技でも，片手で手綱だけを持った状態で，決まった時間，馬に乗り続けなければなりません。得点は乗馬の技術と難度によって与えられます。馬の気性が荒ければ荒いほど，競技者はより多くの得点を獲得します。

　ステア・レスリングでは，馬から走っている雄牛に飛び乗り，雄牛が地面に倒れるまで頭をひねります。最短時間で行った人が勝者になります。タイ・ダウン・ロービングでは，カウボーイは投げ縄で仔牛を捕まえなければなりません。それからその仔牛を投げ倒し，その3本の脚を縛ります。ある一定時間仔牛が動けないことを条件として，この競技でもやはり，最も速くできた参加者が勝利します。これは烙印を押すときに役立つ技術です。

　たぶん，最もエキサイティングな競技は，雄牛乗りでしょう。荒馬乗りと同じように，参加者は規定の時間雄牛に乗り続けた後，技術によって得点を判断されます。雄牛乗りの難しさと，雄牛から落ちた乗り手を雄牛が襲うという危険性が相まって，息をのむ光景を生み出します。

　乗り手を振り落とそうとする馬とは異なり，雄牛は目に入ったものをすべて，意図的に突き刺し，踏みつけます。ロデオ・ピエロが，雄牛乗りが終わると直ちに雄牛の注意をそらし，それにより特に負傷した競技者のために安全域を確保するために雇われています。

1 正解 Ⓑ

訳 どの競技のときに乗り手は馬から雄牛に飛び移るのか。

Ⓐ 荒馬乗り

Ⓑ ステア・レスリング

Ⓒ タイ・ダウン・ロービング

Ⓓ 雄牛乗り

解説 下線部**1**で「ステア・レスリングでは，馬から走っている雄牛に飛び乗る」と説明している。よって，Ⓑ が正解。

2 正解 Ⓐ

訳 馬だけを含む競技は次のどれか。

Ⓐ 荒馬乗り

Ⓑ ステア・レスリング

Ⓒ タイ・ダウン・ロービング

Ⓓ 雄牛乗り

解説 下線部**2-A**「決まった時間，馬に乗り続けなければならない」より荒馬乗りは馬のみが関わる。よって，Ⓐ が正解。下線部**2-B**「ステア・レスリングでは，馬から走っている雄牛に飛び乗る」より，ステア・レスリングは馬と牛が関わる。下線部**2-C**「タイ・ダウン・ロービングでは，カウボーイは投げ縄で仔牛を捕まえなければならない」より，タイ・ダウン・ロービングは牛のみ。下線部**2-D**「規定の時間雄牛に乗り続けた後，技術によって得点を判断される」より，雄牛乗りも牛のみが関わる。

3 正解 Ⓒ

訳 タイ・ダウン・ロービングはどのようなときに役立つ技術か。

Ⓐ 投げ縄のとき

Ⓑ 裸荒馬乗りのとき

Ⓒ 烙印を押すとき

Ⓓ 鞍付けするとき

解説 タイ・ダウン・ロービングの説明の最後に，下線部**3**に「これは烙印を押すときに役立つ技術だ」と説明している。よって，Ⓒ が正解。

4　正解　Ⓓ

訳　雄牛乗りの何が息をのむほどの迫力があるのか。

Ⓐ　投げ縄を使う興奮

Ⓑ　呼吸のしづらさ

Ⓒ　雄牛から飛び降りる難しさ

Ⓓ　投げ出された乗り手を雄牛が襲う危険性

解説　下線部**4**「雄牛乗りの難しさと，雄牛から落ちた乗り手を雄牛が襲うという危険性が相まって，息をのむ光景を生み出す」より，Ⓓ が正解。

5　正解　Ⓐ

訳　何が競技者の安全を向上しているか。

Ⓐ　雄牛の注意を引くピエロ

Ⓑ　胸を保護するための安全装備

Ⓒ　安全措置を必要とする規則

Ⓓ　牛の角から保護するための脚の防護具

解説　下線部**5**に「ロデオ・ピエロが，雄牛乗りが終わると直ちに雄牛の注意をそらし，それにより特に負傷した競技者のために安全域を確保する」とあるので，Ⓐ が正解。

学習目標

心理学の講義を聞き，それに関連する語彙，表現を学習する。

ポイント

人間の心理を探究する「心理学」については，日常会話でも話題にされることが多いと思いますが，TOEFL でもポピュラーな題材の一つです。

なじみがあるテーマだとはいえ，専門的な用語もある程度は使用されます。日本語ではよく知っていても，英語で聞くと意味が分からないという用語もあります。また，ある用語が一般的な意味ではなく，心理学の分野での限定された意味で使われることもあるので，基本的な語彙や表現は改めて学習しておく必要があります。

Exercise で扱うトピックは，perception（知覚）と sensation（感覚）の違いについてです。アメリカの大学での一般教養レベルなので少し難しいかもしれませんが，知覚と感覚の区別は心理学の基礎的な知識なので，ここで整理しておくとよいでしょう。

E xercise  track 81-86

Now get ready to answer the questions.
You may use your notes to help you answer.

1 What will our perception of objects in the environment probably be influenced by?

Click on 2 answers.

- (A) Our past experience
- (B) Our present attitudes and motivations
- (C) Our sense organs
- (D) Our outward actions

2 According to the lecture, what is true about perception?

   Ⓐ Perception is a simple reflection of the environment.

   Ⓑ Perception occurs prior to sensation.

   Ⓒ Perception excites the visual channel and sends a visual message.

   Ⓓ Perception is the interpretation the person gives the sensation.

3 Based on the lecture, indicate whether the statements below refer to perception or sensation. For each statement, put a checkmark in the Perception or Sensation column.

	Perception	Sensation
Ⓐ We see an oblong image when viewing a penny from an angle.		
Ⓑ It is the process of registering sensory stimuli as meaningful experience.		
Ⓒ What we hear others say can predispose us to see an object differently.		

Listen again to part of the lecture.
Then answer the question.

4 What is the purpose of this question?

   Ⓐ To explain why lines of the same length evoke the same sensation in our eyes

   Ⓑ To explain that our perception is not from the direct registration of stimuli on our sense organs

   Ⓒ To explain how messages are relayed by our sense organs

   Ⓓ To explain what makes the retina provide the brain with a one-to-one representation

Listen again to part of the lecture.
Then answer the question.

5 Why does the professor give this example?

   Ⓐ To illustrate how our perception can be influenced

   Ⓑ To give an example of what sensation is

   Ⓒ To give an example of what excites the visual channel

   Ⓓ To contrast "sensation" with "perception"

Listen to part of a lecture in a psychology class.

Professor: Today we will continue to talk about "perception." Perception is different from "sensation." ₃₋ₐ Sensation is a mental process which results from immediate physical stimulation, such as seeing, hearing, or smelling. For example, we see a circular image when viewing the face of a penny and an oblong image when viewing the penny from an angle. However, ₃₋ᵦ perception is the process of registering sensory stimuli as meaningful experience. An important distinction is that sensations are simple sensory experiences, while perceptions are complex constructions of simple elements joined through association. Our perceptions guide some of our most important inner thoughts and outward actions, but what we perceive is not a simple reflection of the environment. Well, why do things look as they do? Tom, do you remember?

Student A: Yes. Because "things are what they are." ₂ We've learned that "perception" is the interpretation or meaning the person gives the sensation.

Professor: Very good. And another explanation? Nancy?

Student B: Because "things are what our nerves tell us they are." Each nerve channel carries its own perceptual quality and is excited by certain specific stimuli. Light, for example, excites the visual channel and sends a visual message.

Professor: That's right. **Let's look at these line segments, A and B. Which line segment is longer, A or B?**

Student A: B looks longer than A.

Professor: The ruler shows that both are in fact the same length, and you would think your eyes would be able to see this. Yet why do we perceive B as longer? ₄ What we perceive is not the direct registration of stimuli on our sense organs but the message relayed by our nerves. We know that the retina does not simply provide the brain with one-to-one representation. Now the third theory is that "things are what we are." ₁ Our perception of objects in the environment is influenced by our past experience and by our present attitudes and motivations. ₃₋ᵧ ₅ What we hear others say can predispose us to misperceive an object.

Student B: Could you give us a more specific example?

Professor: **In everyday life, for example, we are apt to evaluate a guest lecturer rather negatively if we have been forewarned that this is his**

first appearance before a group. On the other hand, we may feel more positively if we have heard that the speaker is a distinguished professor. Any questions? Good. We will discuss organization of forms and patterns next week. That's all for today.

Exerciseの語彙・表現

perception「知覚」の定義を明らかにし，sensation「感覚」と区別しています。この2つの語の違いについては，スクリプトの冒頭を見てください。

mental process　精神作用
register　〜を記憶する
sensory　感覚に関する
stimuli　(stimulus の複数形) 刺激
nerve channel　神経チャネル
sense organ　感覚器官

スクリプトの訳

心理学の講義の一部を聞きなさい。

教授：今日は引き続き「知覚」について話をします。知覚は「感覚」とは違います。感覚とは，即時的な物理的刺激によって生じる，見る，聞く，嗅ぐ，といった精神作用のことです。例えば，正面から1セント硬貨を見れば円形に見えますが，斜めから見れば楕円形に見えます。しかし，知覚とは，感覚刺激を意味ある経験として記憶させる作用のことです。重要な違いは，感覚は単なる感覚経験にすぎませんが，知覚は，関連付けを通してひとつひとつの要素が結び付けられた複合的解釈であるということです。我々の知覚は，最も重要な内面的思考と外面的行動の一部を左右しています。しかし，我々が知覚するものは，単に周囲の状況を映し出すものではありません。では，なぜ事物は，実際にそう見えているように見えるのですか。トム，覚えていますか。

学生A：はい。「事物はその事物のあるがまま」だからです。私たちは，「知覚」は，人が自分の感覚に対して与える解釈や意味付けであると学習しました。

教授：素晴らしい。他の解釈はありますか。ナンシー？

学生B：「事物とは，私たちの神経が私たちに伝えるその物のありさま」だからです。それぞれの神経チャネルは固有の知覚情報を伝達し，ある特定の刺激によって活性化されます。例えば，光は視覚チャネルを刺激し，視覚メッセージを送ります。

教授：その通りです。これらの線A，Bを見てみましょう。AとB，どちらが長いですか。

学生A：Bの方がAより長く見えます。

教授：定規はどちらも同じ長さであると示していますが，私たちの目にもそう見えると思いますよね。しかし，なぜ私たちはBの方が長いと知覚するのでしょうか。私たちの知覚は，感覚器官に対する刺激を直接示したものではなく，神経によって伝えられるメッセージだからです。網膜は，ただ単に一対一で対応する表象を脳に伝えるものではないということが分かっています。

そして，3番目の理論は「事物とは私たち自身の姿である」ということです。ある状況の下での対象物の知覚は，我々の過去の経験，現在の考え方やモチベーションに影響を受けます。他人から聞いた内容によって，対象物を誤って知覚する傾向があります。

学生B：もう少し具体的な例を挙げていただけませんか。

教授：日常生活での例を挙げると，あるゲスト講師が人前での講演は今回が初めてであると事前に知らされていた場合，私たちは彼に対してやや否定的な評価をしがちです。反対に，高名な教授だと知らされていたならば，より肯定的に感じるかもしれませんね。何か質問はありますか。よろしい。では，来週は形式と様式の構造について話します。今日はこれで終わりです。

1 正解 (A) (B)

訳 ある状況の下での対象物の知覚は，おそらく何によって影響を受けるか。

答えを2つクリックしなさい。

(A) 私たちの過去の経験
(B) 私たちの現在の考え方やモチベーション
(C) 私たちの感覚器官
(D) 私たちの外面的な行動

解説 下線部**1**「ある状況の下での対象物の知覚は，我々の過去の経験，現在の考え方やモチベーションに影響を受ける」とあるので，(A) と (B) が正解。

2 正解 (D)

訳 講義によれば，知覚に関して正しいものはどれか。

(A) 知覚は，単に周囲の状況を映しているにすぎない。
(B) 知覚は感覚に先行して起こる。
(C) 知覚は視覚チャネルを刺激し，視覚的メッセージを伝達する。
(D) 知覚とは，人が自分の感覚に対して与える解釈である。

解説 下線部**2**の「『知覚』は，人が自分の感覚に対して与える解釈や意味付けであると学習した」という学生の発言より，(D) が正解。

3 正解　知覚　Ⓑ　Ⓒ　感覚　Ⓐ

> **訳**　講義に基づき，次の文が知覚と感覚のどちらについて述べているのかを示しなさい。それぞれの文について，知覚または感覚の欄にチェックしなさい。
>
> Ⓐ　1セント硬貨を斜めから見れば楕円形に見える。
> Ⓑ　それは，感覚刺激を意味ある経験として記憶させる作用である。
> Ⓒ　他人から聞いた内容によって，私たちは事物に対して異なった見方をする傾向がある。

> ■解説■　下線部**3-A**より，Ⓐ は「感覚」である。また**3-B**と**3-C**より，Ⓑ と Ⓒ は「知覚」となる。

講義の一部をもう一度聞き，質問に答えなさい。（スクリプト1つ目の太字部分参照）

4 正解　Ⓑ

> **訳**　この質問をした意図は何か。
>
> Ⓐ　なぜ同じ長さの線は目に同じ感覚を呼び起こすのかの説明をするため
> Ⓑ　私たちの知覚は，感覚器官で受けた刺激を直接示したものではないことを説明するため
> Ⓒ　感覚器官がどのようにメッセージを伝達するかを説明するため
> Ⓓ　網膜が一対一で対応する表象を脳に伝えるものを説明するため

> ■解説■　教授が，定規で測れば同じ長さの線が違って見える例を示した目的は下線部**4**「知覚は，感覚器官に対する刺激を直接示したものではない」ことを説明するためである。

講義の一部をもう一度聞き，質問に答えなさい。（スクリプト2つ目の太字部分参照）

5 正解　Ⓐ

> **訳**　なぜ，教授はこの例を挙げているのか。
>
> Ⓐ　私たちの知覚が，どのような影響を受けうるかを説明するため
> Ⓑ　感覚とは何かの例を挙げるため
> Ⓒ　視覚チャネルを刺激するものの例を挙げるため
> Ⓓ　「感覚」と「知覚」を対比するため

> ■解説■　この例を挙げる前に，知覚について，教授は下線部**5**で「他人から聞いた内容によって，対象物を誤って知覚する傾向がある」と述べ，知覚がどんなものに影響を受けうるかを説明している。よって，Ⓐ が正解。

Column 3 数の認識の常識の違い

　日本以外の国で暮らすと，いろいろな場面で日本との感覚の違いを感じることがあると思います。ここではお金の数え方など，数に対する考え方の違いから，日米間の感覚の違いを見てみましょう。

　1ドル札が100枚あるとします。これを数えやすいように束ねるとしたら，あなたならどのように束ねますか。たいていの日本人は，10枚1束にして10束にすると思います。十進法で考えれば自然ですよね。筆者がアメリカに滞在していたとき，1ドル札100枚を預金しようと思い，数えやすいように（もちろんアメリカも十進法ですので）1ドル札10枚を1束，それを10束（＝100ドル）にして銀行に持っていきました。現在ではATM（automated teller machine）で入金しますのでこのようなことはありませんが，けげんな顔をしたteller（窓口係）に「なぜこのような束ね方をするのか」と尋ねられたのです。「他にどのような束ね方があるのか」と聞き返したところ，「お金はquarter（この場合25ドルずつ）でまとめるものだ」と言われました。

　日本ではものを数えるとき，1を基準に10，100と小さい方から大きい方へ積み上げて考えます。しかし，筆者のこの経験から考えると，アメリカではどうやら逆の考え方をしているようなのです。100ドルのように大きな方を基準として，その半分のhalf，そのまた半分のquarterという感じです。例えば，ニューヨーク州のイサカで使われていた地域通貨ithacahoursでは，少額の取引に10 hours，その半分の5 hours，さらに半分の2.5 hours，そのまたさらに半分の1.25 hoursまであったようです（ちなみに，英語の複数は，正確には2からではなく1を超えるところからなので，例えば1.1でも複数扱いです）。

　買い物をしたときのお釣りの渡し方にも，日米間で違いが見られます。例えば，65ドル20セントの買い物をして100ドル紙幣で支払うと，日本では100ドルから65ドル20セントを引いた34ドル80セントのお釣りが返ってきます。一方アメリカでは，65ドル20セントから足し算をして100ドルになるまでを，お釣りとして考えます。つまり，65ドル20セント＋5セント（nickel 1枚）＋75セント（quarter 3枚）＋4ドル（1ドル札4枚）＋10ドル（10ドル札1枚）＋20ドル（20ドル札1枚）＝100ドルと考え，（　）で囲んだ金額を手渡しながらお釣りを考えるという方法です。もっとも，近年はこのような光景もあまり見かけなくなりましたが，お金の数え方に対する根本的な考え方は変わっていません。

　次に，ものを数えるときによく使用される単位を見てみましょう。

　まずdozen（ダース）です。スーパーで卵1パックは，日本では十進法から10個の場合が多いと思いますが，アメリカではone dozenですので12個になりま

す。缶ビールは half a dozen で 6 本単位，これは日本も同じですね。液量を測る単位では gallon（ガロン＝約 3.81 リットル）があり，ガソリン，ミルク，オレンジジュース，ワインなど，液体であればたいていのものに使用されています。このガロンの半分の半分の半分，すなわち 1／8 ガロンが pint（パイント＝約 0.473 リットル）で，ビール，エンジンオイル（2 pints 缶）どに使用されています。ポンド，オンスも健在です。

　それでは，12:00 a.m. は夜中の 12 時（midnight）でしょうか，それとも昼の 12 時（at noon）でしょうか。正解は昼の 12 時です。つまり，12:00 の 00 は，午前 12 時の最初ではなく，午前 11 時の最後と認識されるのです。しかし，これにはさすがに彼らも混乱するらしく，例えば案内などを出すときには 12:00 a.m. の代わりに 12:00 noon あるいは 12:01 p.m.，また夜中の 12 時であれば，12:01 a.m. や 12:00 midnight のように表現します。ちなみに，西暦 2000 年（0 年）は 20 世紀最後の年で，21 世紀は 2001 年からでしたね。

　最後に，英語の掛け算について見てみましょう。「2 × 3 ＝ 6」は「2 が 3 回」でしょうか，それとも「3 が 2 回」でしょうか。では，これを英語で読んでみましょう。Two times three is six. となりますね。つまり，「3 が 2 回（Two times）」というとらえ方なのです。日本語ではこの反対で，「2 が 3 回」の意味ですよね。

　このように，日本とアメリカでは「数」に関する認識だけでもこれだけの違いが存在します。事前に知っておくと，戸惑うことも少なくなりますね。

CHAPTER **3**

実戦練習

実戦練習 **1**

Now get ready to answer the questions.
You may use your notes to help you answer.

1 According to the professor, what is one reason this essay is important?
- Ⓐ It is important for the final grade.
- Ⓑ It will conclude the first half of the semester.
- Ⓒ It helps students express their feelings about the topic.
- Ⓓ It keeps the students busy.

2 What can be inferred about the student?
- Ⓐ She often forgets what she wants to say.
- Ⓑ She has a problem expressing her thoughts correctly on paper.
- Ⓒ She has a mental block when writing.
- Ⓓ She feels her ideas are not correct.

3 What problem related to the essay does the professor tell the student about?
- Ⓐ The organization is not very good.
- Ⓑ The ideas are incorrect.
- Ⓒ The thesis statement is missing.
- Ⓓ The topic sentence is too long.

4 What does the student decide to do?
- Ⓐ Remind herself the deadline is Friday
- Ⓑ Show her next draft to the professor after the weekend
- Ⓒ Write it in full over the weekend
- Ⓓ Visit the professor on the weekend

Listen again to part of the conversation.
Then answer the question.

5   What does the student imply by saying this: 🎧

    Ⓐ She is pleased that she was able to persuade her professor.

    Ⓑ She is angry that her essay was criticized.

    Ⓒ She is disappointed that she has failed.

    Ⓓ She can now clearly see the problem with her essay.

ポイント

- まずは会話の場面を理解します。小論文が不完全だったため，教授が学生を呼び出していることが，最初の2回のやり取りで分かります。どのような流れになるのか予想してみましょう。
- 教授は小論文の重要性を説明した後，学生の小論文に何が足りないかを具体的に指摘しています。
- さらに後半で，学生の小論文には3つの論点が必要だと話しています。数字が出てきたときは必ずノートを取りましょう。
- 最後に提出スケジュールについて話しています。締め切りの日付はもちろんですが，それ以外の日に何をするのかも確認しましょう。

スクリプト

グレーで示してある箇所（why I called you など）はこの会話のコアの部分です。これをきちんと追いながら聞くことができていれば，問題を解くために必要な会話の内容が理解できていることになります。大事な部分やノート・テイキングのヒントとなる事柄をふきだしで説明していますので，参考にしてください。

Listen to a conversation between a student and a professor.

Professor: Ah, Sarah, there you are. Come in, please.

> 学生は S，教授は P とするなどルールを決めておきましょう。

Student: Good morning, professor.

Professor: You know why I called you here today, don't you, Sarah?

Student: Well, I guess my paper failed, and that's what you're going to tell me, right?

Professor: Well, "failed" isn't the word I'd use, Sarah. An essay is a series of continuous adjustments. To say you've failed would be to ignore this important process. Let's just say that I'd like you to redo⒜ it and submit it by the final class next week.

Student: Do it again? So, I have failed, then.

Professor: Look, Sarah, this essay covers most of the work we've gone over for the second half of this term. That's nearly 6 weeks' work. ■ This paper is the main thing you need to turn in to get a final grade for this class.

Student: Yes, I know…

Professor: And I'm here to help you. Look, my job is to make sure students reach a certain standard of written essay. It's because essays are academic proof of a logical and analytical mind, and also that the contents of the essay show me that you have

128

carefully thought through the points and issues[❺] raised in the class and the readings. You can appreciate that, right?

Student: Yeah, I understand, but I'm, um, just [2] no good at essay writing. I kinda[❻] know what I want to say in my head, but when it comes to the paper, well...

good は〇で置き換えても可。
例）P：〇 esy = plan + struct

Professor: The key to any good essay is planning and structure. If you don't plan, your work ends up like this... [3] that reads like you're talking about the subject off the top of your head.[❼] Your points are good, but the layout isn't. Look, what do you think are the three most important things related to your thesis statement here...you know, the three main points to address in your essay?

Student: Well, first, um...the unskilled labor shortage,[❽] and next, um...the influx of foreign migrant workers, and um, the um, here, here...foreign policy.

Professor: OK, yeah, those seem to be good topics to use, but in this paragraph, your topic sentence is related to labor shortage. However, halfway through the paragraph, the emphasis shifts to foreign workers.

Student: But those points are related, aren't they? That's why I put them together.

Professor: Yes, they are related, but they are separate points, each with, ah, different facts and opinions to back them up.

Student: Should I talk about the foreign workers in the next paragraph? Is that what you mean?

Professor: Yeah, that's good, but as they are related, your topic sentence in paragraph 2 should reflect that, right?

Student: Yeah, I get it...I suppose I'll give it another try.

Professor: Good. Remember that the deadline is next Friday, though.

効率的と考えられる場合は日本語を記号の一部として使ってもよいですが，日本語で考えないようにしましょう。 例）〆 nxt Fri

Student: OK. Professor, you're here on Monday, right?

Professor: Yes, Mondays, Tuesdays and, um, Fridays...all day.

Student: I'm going to have another go over the weekend. [4] Would it be OK to show you the next draft[❾] on Monday before class before I write it out in full?

Professor: Yeah, that's no problem. Why don't you see me after the second period? I'll be here.

Student: Thanks. See you, professor.

A redo：やり直す

B issue：論点，問題（点）

C kinda：「ちょっとまあ…」という意味の口語表現。kind of が短縮された形。

D off the top of *one's* head：（単なる）思い付き

E shortage：不足　＊発音に注意。-age は [-idʒ]

F draft：下書き

スクリプトの訳

学生と教授の会話を聞きなさい。

教授：ああ，サラ，よく来てくれました。入ってください。

学生：おはようございます，教授。

教授：今日君をここに呼び出したわけは分かっていますね，サラ？

学生：ええと，私の小論文が不合格だったのだと思います。それを私に伝えるんですよね。

教授：いや，不合格という言葉は使いたくないですね，サラ。小論文とは，継続的に調整をするものです。不合格というと，この重要な手順を無視することになります。こう言うことにしましょう，君にはこの小論文を書き直して，来週の最後の授業までに提出してほしいと。

学生：もう一度やるんですか。ということは，やはり不合格だったということですね。

教授：いいですか，サラ，この小論文は今期後半で学んだ大半の内容をカバーするものです。ほぼ6週間に及ぶ学習です。この小論文は，このクラスで最終的な評価を得るために提出すべき最重要課題なんです。

学生：はい，分かっていますけど…。

教授：だから，今君の手伝いをしているんです。いいですか，学生が小論文で一定の水準に達しているか確認するのが私の仕事です。それは，小論文が論理的で分析的な思考を学術的に証明する手段だからです。また，小論文の内容から，講義や読み物で提示された論点や問題点を君が注意して考え抜いたということが分かるんです。それは分かりますよね？

学生：ええ，分かります，だけど私，小論文を書くのは得意じゃないんです。言いたいことは頭の中でまあ分かるんですけど，書くとなると，どうも…。

教授：良い小論文を書く上で重要なことは，構想を練ることと組み立てることです。構想を練らないと，こんなふうに取り上げている主題が思い付きで述べられているようなものになってしまいます。君の小論文は論点は良いが，構成が良くありません。いいですか，ここにある主題文に関する最も重要な3つの事柄は何だと思いますか。ほら，君の小論文で取り上げるべき3つの論点は？

学生：ええと，まず未熟練労働力の不足，次に，うーん，外国からの移住労働者の流入，それから，ええと，あっ，これ，これ，外交政策です。

教授：その通り，利用するトピックとしては申し分なさそうです。しかし，このパラグラフでは，トピックセンテンスは労働力の不足に関係しているのに，パラグラフ半ばから外国人労働者に重点が移ってしまっています。

学生：でも，それらの論点は関係していますよね？　だから一緒にしたんです。

130

教授：そう，確かに関係しています。しかし，それぞれ別々の論点だし，それに，裏付けとなる事実や意見も異なります。

学生：外国人労働者については，次のパラグラフで説明すべきですか。そういうことですか。

教授：そうです，それでいい，しかし，それらの論点は関係しているのだから，第2パラグラフのトピックセンテンスにもそれを反映させないと。そうでしょう？

学生：はい，分かりました…。もう一度やってみます。

教授：よろしい。しかし，期日は今度の金曜日であることを忘れないでください。

学生：はい。教授，月曜日はここにいらっしゃいますよね？

教授：ああ，月曜日，火曜日，それに，あー，金曜日も1日中いますよ。

学生：週末にかけてもう一度やってみます。完全な形で清書する前に，次の下書きを月曜日のクラスが始まる前に見ていただいてもよろしいでしょうか。

教授：ええ，いいですよ。2限目が終わった後に来たらどうですか。ここにいますから。

学生：ありがとうございます。それでは，教授。

1 正解 Ⓐ

訳 教授によると，この小論文が重要な理由の1つは何か。

Ⓐ 小論文が最終評価に重要なため。

Ⓑ 小論文は学期の前半を締めくくるため。

Ⓒ 小論文は学生がそのトピックについて思っていることを表現するのを助けるため。

Ⓓ 小論文は学生を忙しくさせるため。

解説 下線部 **1** で教授は，小論文が最終的な評価に必要だと言っている。正解は Ⓐ 。教授は小論文が論理的で分析的な思考を学術的に証明する手段，と強調しているが，Ⓑ の前半の締めくくりではなく，後半で学んだ大半の内容のカバーであり，また Ⓒ ，Ⓓ には言及していない。

---

2 正解 Ⓑ

訳 この学生について何が推測できるか。

Ⓐ 言いたいことをよく忘れてしまう。

Ⓑ 自身の考えを書面で正しく表現できない。

Ⓒ 書くときに思考が停止してしまう。

Ⓓ 自分の着想が正しくないと感じている。

解説 下線部 **2** から，学生は小論文を書くのが苦手で，言いたいことが頭の中では分かっていてもうまく文章にできないことが分かる。よって，Ⓑ が正解。

3 正解 **Ⓐ**

訳 教授が学生に説明している，小論文に関する問題とは何か。
Ⓐ 構成があまり良くない。
Ⓑ 着想が間違っている。
Ⓒ 主題文がない。
Ⓓ トピックセンテンスが長すぎる。

解説 下線部**3**で，教授は学生の小論文について「取り上げている主題が思い付きで述べられている。論点は良いが，構成が良くない」と指摘している。よって，**Ⓐ** が正解。

4 正解 **Ⓑ**

訳 学生は何をする決心をしているか。
Ⓐ 期日が金曜日であることを思い出す
Ⓑ 週明けに教授に次の下書きを見せる
Ⓒ 週末に完全に書き直す
Ⓓ 週末に教授を訪ねる

解説 下線部**4**から，学生は月曜日のクラスが始まる前に，教授に下書きをチェックしてもらうつもりであることが分かるので，**Ⓑ** が正解。

会話の一部をもう一度聞き，質問に答えなさい。（スクリプト太字部分参照）

5 正解 **Ⓓ**

訳 学生はこの発言で何をほのめかしているのか。（スクリプト破線部参照）
Ⓐ 教授を説得することができて満足している。
Ⓑ 自分の小論文が批判されたことに腹を立てている。
Ⓒ 不合格になってがっかりしている。
Ⓓ 自分の小論文の問題点を今ははっきりと理解することができる。

解説 最初は小論文が不合格になったと思って落胆し，構成に関する教授の指摘にも反論をしていたが，教授と話すことで修正点を理解し，この発言で書き直してみると言っている。つまり，最後には自分の小論文が抱える問題について理解していることが分かるので，**Ⓓ** が正解。

実戦練習 **2**

track 93-98

• job fair

Now get ready to answer the questions.
You may use your notes to help you answer.

1   Why is the professor surprised the student has come to see her?
    Ⓐ   She didn't think there was anything further to discuss with the student.
    Ⓑ   She is not the right person to consult about the job fair.
    Ⓒ   The meeting was not in her calendar.
    Ⓓ   The planning committee does not meet until Friday.

2   Why does the student mention being on the planning committee?
    Ⓐ   He has already met with several recruiters.
    Ⓑ   He will be at the job fair before it starts.
    Ⓒ   The professor was supposed to be at the meeting.
    Ⓓ   His friend cannot go to the job fair.

3   Why is the student concerned about the job fair?
    Ⓐ   It doesn't fit into his course schedule.
    Ⓑ   He hasn't been able to practice.
    Ⓒ   He doesn't make good first impressions.
    Ⓓ   He has few outstanding achievements.

4   What does the professor recommend the student do?
                Click on 2 answers.
    Ⓐ   Ask recruiters for job offers
    Ⓑ   Look for a job that fits his class schedule
    Ⓒ   Ask questions about his own interests
    Ⓓ   Get information about companies that are participating

Listen again to part of the conversation.
Then answer the question.

5   Why does the student say this: 🎧

    Ⓐ   He hopes he will enjoy interviews with recruiters.

    Ⓑ   He accepts the professor's advice.

    Ⓒ   He assumes recruiters will evaluate him fairly.

    Ⓓ   He wants a job in his current city.

ポ|イ|ント

- 会話の話題は job fair（就職相談会）です。
- job fair の相談と聞いて教授は一般的なアドバイスをしますが，学生の不安なポイントとはずれているようです。教授のアドバイスと，学生が聞きたいことをしっかりと分けて把握しましょう。
- 学生の悩みに対しての教授のアドバイスを聞く際は，それをする理由までしっかりと聞き取る必要があります。

スクリプト

グレーで示してある場所（surprised など）はこの会話のコアの部分です。これをきちんと追いながら聞くことができていれば，問題を解くために必要な会話の内容が理解できていることになります。大事な部分やノート・テイキングのヒントとなる事柄をふきだしで説明していますので，参考にしてください。

Listen to a conversation between a student and a professor.

Professor: Hi, Jeff. **1** I was surprised to see you in my calendar for today. I thought we'd covered all of your questions in our last meeting. Is there anything about your class schedule⦿ that we didn't cover Tuesday?

Student: Oh, no — that's all squared away.⦿ Thanks, Professor. I realized...well, I'm not sure you're the person to go to about this, but it's the job fair.

Professor: Right. That's this Friday, isn't it? **2-1** One of the most important things is to get there early so you have plenty of time to talk to the recruiters⦿ from all the companies you want to see. Have you planned for that?

Student: Yeah, you know, **2-2** I'm on the planning committee, actually. I'll be helping to set up in the student center.

Professor: If you're setting up, you'll be there before the recruiters from any of the companies, then. Great. So, OK, you're worried about making a good first impression?

Student: You know, I don't think I'll have any problems that way, either. I know to smile and make eye contact.

Professor: Perfect.

Student: And speak clearly, and shake hands firmly. I've practiced a lot with a friend, and I think my first impression will be fine. But...well, the job market is really

> But 以降に学生の真の心配事が述べられているので注意して聞き取りましょう。

competitive[D], and **3** I'm not sure how I can make myself stand out from everyone else. My grades are solid,[E] but they're not stellar,[F] and I didn't do an internship.

Professor: I see.

Student: And I figure my first impression won't make up for all that and get me the job.

Professor: Well, the first thing to remember is that this is just a job fair. You're not looking to walk out of there with an offer or anything, just to get to know which companies seem like a good fit for you. So you don't have to put so much pressure on yourself.

Student: OK.

Professor: It's easy to forget that you're interviewing the companies as much as they're interviewing you. You know, seeing whether you're a good fit.

Student: But I really need to start working right after graduation. I'm living on financial aid[G] as it is. I'm going to have to take the best job I can get, so I have to focus on making the recruiters want me.

Professor: I know it seems like that. But remember, if you take a job you're not right for, what'll happen in a few months or a year? Either the company will figure it out and let you go, or you'll burn out and quit. Then you'll be looking for a job all over again.

Student: Fair enough.[H] But still, how am I supposed to interview recruiters?

Professor: Well, you know, **4-D** it helps to do a little research on the companies that will be at the job fair. Do that before Friday. Then you can ask questions about the industry, or about what kinds of jobs are open.

Student: Yeah, that sounds good. Uh-huh.

Professor: **4-C** And also, think about what you really want out of a job. Maybe you'd like to live in a different city for a few years, or even a different country. So maybe you can ask how likely it is that you'd be able to transfer somewhere after you've proved yourself.[I]

Student: So I should really think about what I want and ask about it?

Professor: You should, yeah. Of course, you want to seem interested in helping the company succeed. You want to show your skills match their needs.

Student: Show what I can offer them, right?

Professor: Right, but it's not a one-way conversation. Smart recruiters want people who will be happy working for the company in the long term.

Ⓐ class schedule：時間割

Ⓑ all squared away：余すところなくすべて片付いている，終わっている

Ⓒ recruiter：（企業などの）採用担当者

Ⓓ competitive：競争的，（競争などが）厳しい，難しい

Ⓔ solid：しっかりした（脆弱ではない）

Ⓕ stellar：一流の

Ⓖ living on financial aid：学資援助を受けての生活

    ＊ live on は，「～で生きる」の意味。

    例）live on fish：魚を食べて生きる

Ⓗ fair enough：（提案などに対して）もっともだ

Ⓘ you've proved yourself：prove *oneself*：自証する，自分で能力を証明する

スクリプトの訳

学生と教授の会話を聞きなさい。

教授：こんにちは，ジェフ。今日の私の予定表にあなたが載っていてびっくりしました。この前の面会で質問にはすべて答えていたと思っていました。あなたの時間割について，火曜日に話せなかったことが何かありましたか。

学生：いいえ，それは全部終わっています。ありがとうございます，教授。思ったんですけど，えー，これは教授に相談することなのか分からないんですけど，就職説明会のことなんです。

教授：なるほど。今週の金曜日ですよね。重要なことのうちの1つは，会場に早めに行って，面談したいと思っているすべての会社の採用担当者と話す時間を十分取ることです。その計画は立てましたか。

学生：ええ，あの，実は僕は準備委員会の委員です。学生センターでの設営を手伝う予定です。

教授：設営をするのであれば，どの会社の採用担当者が到着するよりも早くあなたは会場にいますね。いいですね。それで，えっと，あなたは良い第一印象が与えられるか心配しているんですか。

学生：えーと，それについても僕は問題ないかなと思っています。微笑むこともアイコンタクトを取ることも知っています。

教授：素晴らしいです。

学生：それに明瞭に話すこと，固い握手をすることも。友人と何度も練習し，第一印象は大丈夫だと思います。しかし，えー，雇用市場は本当に競争が激しくて，他の人より目立つにはどのようにすればいいのか分からないのです。僕の成績はしっかりしていますが，非常に素晴らしいわけでもありませんし，インターンシップもしていません。

教授：なるほど。

学生：僕の第一印象だけですべてをカバーして就職できるとは思えません。

教授：えー，まず覚えておくことは，これは単なる就職説明会だということです。そこで仕事のオファーか何かを得て帰ることを求めるのではなく，どの会社があなたによく合っていそうかを知るのです。だから，自分にそんなにプレッシャーをかける必要はありませんよ。

学生：分かりました。

教授：よく忘れがちなのは，会社があなたを面接しているように，同じくあなたが会社を面接しているということです。つまり，（その会社が）よく合っているかどうか考えることです。

学生：でも僕は卒業後，本当にすぐ働き始めなければならないのです。僕は，すでに学資援助を受けて生活しています。できるだけ良い仕事に就かなければなりませんから，採用担当者が僕を欲しがるように集中しなければならないのです。

教授：そのように考えてしまうのは分かりますよ。でも覚えておきなさい，合わない仕事に就くと，数か月，1年後に何が起きますか。会社がそれに気付いてあなたを解雇するか，あなたが燃え尽きて辞職するか，どちらかです。そしたら，また最初から職探しになりますよ。

学生：もっともです。しかしやはり，採用担当者を面接するとは，どのようにすべきですか。

教授：そうですね，就職説明会に参加する会社について少し調べておくと役に立ちます。金曜日より前にやっておきなさい。それならその産業について質問できるし，あるいはどのような仕事の求人があるかについても。

学生：ええ，それはよさそうですね。分かりました。

教授：そしてまた，あなたが実際に仕事に何を求めているのかについても考えておきなさい。あなたは，数年間，別の町で，あるいは別の国ですら，生活してみたいと思うかもしれません。なので，あなたは，自分の実力を証明してからどこかに転勤できる可能性はどのくらいあるのか，聞くことができるでしょう。

学生：では，僕は何をしたいのかについて真剣に考え，それについて聞いてみるべきということですね。

教授：ええ，そうすべきです。もちろんあなたは会社がうまくいくよう助力することに興味があるように見せるべきです。自分のスキルが会社のニーズに合うことを示すべきです。

学生：僕が会社に提供できるものを示すということですね。

教授：その通りです，しかし一方的な会話ではありませんよ。賢い採用担当者は長期にわたって会社のために楽しく働ける人を求めています。

---

1 正解 Ⓐ

訳 なぜ教授は学生が会いに来たことに驚いたのか。

Ⓐ 彼女は学生とさらに何か話し合うことがあるとは思っていなかった。

Ⓑ 就職説明会についての相談には，彼女は適任ではない。

Ⓒ 面会は彼女の予定表にはなかった。

Ⓓ 準備委員会は金曜日まで会議がない。

解説 下線部**1**で教授は学生が相談に来ることを予想していなくて驚いている。以前の面会で学生の質問にはすべて答えたと思っていたためである。したがって，Ⓐが正解。予定表になかったために驚いたわけではないのでⒸは不適切。

2 正解 Ⓑ

> **訳** なぜ学生は準備委員会の委員であることに言及しているのか。
>
> Ⓐ 彼はすでに何人かの採用担当者と会っている。
>
> Ⓑ 彼は就職説明会が始まる前に会場にいる。
>
> Ⓒ 教授は会議に出席していたはずである。
>
> Ⓓ 彼の友人は就職説明会に行けない。

> **解説** 下線部 **2-1** の「会場に早めに行って，会社の採用担当者と話す時間を十分取ること」というアドバイスに対して，下線部 **2-2** で学生は準備委員会の委員なので設営を手伝う予定であると言っている。設営をするということは早めに行き，始まる前に会場にいるということなので，正解は Ⓑ 。

3 正解 Ⓓ

> **訳** なぜ学生は就職相談会について心配しているのか。
>
> Ⓐ それは彼の時間割とうまく合わない。
>
> Ⓑ 彼は練習ができていない。
>
> Ⓒ 彼は良い第一印象を与えることができない。
>
> Ⓓ 彼は優れた成果をほとんど持っていない。

> **解説** 下線部 **3** で学生は「他の人より目立つにはどのようにすればいいのか分からない。成績は非常に素晴らしいわけでもなく，インターンシップもしていない」と言っている。つまり，Ⓓ「優れた成果をほとんど持っていない」ことを心配していると考えられる。

4 正解 Ⓒ Ⓓ

> **訳** 教授は学生に何をするよう勧めているか。
>
> 答えを2つクリックしなさい。
>
> Ⓐ 採用担当者に仕事の申し出を求めること
>
> Ⓑ 彼の時間割に合った仕事を探すこと
>
> Ⓒ 自分自身の興味のあることについて質問すること
>
> Ⓓ 参加している会社について情報を集めること

> **解説** 下線部 **4-C** で「あなたが実際に仕事に何を求めているのかについても考えておきなさい」と言っていることから Ⓒ，下線部 **4-D** で「就職説明会に参加している会社について少し調べておくと役に立つ」と言っていることから Ⓓ を勧めていると分かる。なお，教授は就職説明会では仕事のオファーか何かを得て帰ることを求めるなと言っているので，Ⓐ は不適切。Ⓑ は言及されていない。

会話の一部をもう一度聞き，質問に答えなさい。（スクリプト太字部分参照）

5 正解 Ⓑ

訳 学生はなぜこのように言っているか。（スクリプト破線部参照）
Ⓐ 彼は採用担当者との面談を楽しめることを願っている。
Ⓑ 彼は教授のアドバイスを受け入れた。
Ⓒ 彼は採用担当者が自分を公平に評価すると思っている。
Ⓓ 彼は現在住んでいる町での仕事を望んでいる。

解 説 教授のアドバイスに対して，学生は Fair enough.「もっともだ」と言っているので，Ⓑ が正解。この fair enough は相手の提案を受け入れるときなどに使う口語表現である。

◀ track 99-104

Now get ready to answer the questions.
You may use your notes to help you answer.

1 Why has the student come to see the nurse?
- (A) His eyes hurt and he got sick during the exam.
- (B) His eyes lost focus and he feels ill.
- (C) He got dizzy during an exam and was asked to leave.
- (D) He lost his glasses and doesn't feel well.

2 In the end, what does the nurse believe is the cause of the student's complaint?
- (A) He has the first signs of the flu.
- (B) He has some major problem with his eyes.
- (C) He is suffering from the effects of school-related stress.
- (D) He is taking too much medicine.

3 What steps should the student take to improve his health?
- (A) Eat properly and get enough rest
- (B) Maintain a balance between exercise and studying
- (C) Wait until after the exams and then try to get back to normal
- (D) Go to sleep earlier in the evening

4 What explanation does the nurse give the student regarding the medicine?
- (A) He must pay for it.
- (B) It is free because this is an emergency.
- (C) The doctor has to write a prescription before he can get it.
- (D) It is cheaper than medicine from a pharmacy.

Listen again to part of the conversation.
Then answer the question.

5 What can be inferred about the student?

    (A) He must see a doctor immediately.

    (B) He should visit an ophthalmologist to get a second opinion.

    (C) He needs to think about ways to reduce stress.

    (D) He needs to take some medicine for his eye condition.

ポイント

- ●大学医務室での会話です。学生が試験中に視界がぼやけて、おなかが痛くなってやって来たという目的は必ずノートに取りましょう。
- ●予想される話題は、症状の説明、原因究明、対処法の説明です。実際、この流れの通りに話題が展開しています。
- ●学生は生活改善の必要性は納得しましたが、最後に要望を言っています。何を依頼して、それに対して看護師はどう答えているのか聞き取りましょう。

スクリプト

グレーで示してある箇所 (sick など) はこの会話のコアの部分です。これをきちんと追いながら聞くことができていれば、問題を解くために必要な会話の内容が理解できていることになります。大事な部分やノート・テイキングのヒントとなる事柄をふきだしで説明していますので、参考にしてください。

Listen to a conversation between a student and a school nurse.

Student: I don't feel well at all. I think I'm going to be sick.

Nurse: Well, you don't look too good, now. What's the matter? How long have you been feeling like this? 看護師のこの質問の後の学生の答えから症状をきちんと聞き取りましょう。

Student: Well, um, **1** I was taking an exam and suddenly my vision got blurred.[Ⓐ] I thought it was just my eyes or something, but then my stomach started to hurt...and...

Nurse: OK, sit down here. Now, do you normally wear contacts or glasses? Has this blur thing happened before? ここから看護師による症状の原因究明が始まります。

Student: No, um, no...I don't wear contacts or glasses. My eyes have always been good. This is the first time.

Nurse: Right. Well, let's take your temperature and see how that is, shall we? So, you don't seem to have any major physical problems. That leaves us with something inside. And, well, 37, that's nothing really to worry about. I thought for a moment you might have the first symptoms of the flu. I've seen a lot of students this week with the first signs of the flu, but you don't have a high temperature. How about other symptoms...diarrhea, dizziness, things like that?

Student: No. I don't have anything like that. My, um, I haven't had much of an appetite recently, but then I've never been much of a big eater.

Nurse: I see. Well, what about the test you were taking? Is it, um, important for you?

Student: Yeah, pretty important. It carries 30% of the final grade. I've got two more next week. Three tests in two weeks. I was up till 3 this morning studying for this one.

Nurse: Ah-ha. **2** Well, your eyes could well be telling you that you're stressed. A mix of stress and intense concentration can affect different parts of the body in different ways. Sometimes, people end up with an upset stomach. Others could experience problems with their eyes...

Student: Yeah, I suppose I could be stressed at the moment, but I have to do well in these exams, or else...

Nurse: Well, that may be so, but there's nothing more important than ⓑ your health. Just because you have a test coming up shouldn't mean that you neglect your health. **3-1** You need to meet your body's basic needs.

> 原因が分かってきたので，
> 対処法の説明です。

Student: What do you mean?

Nurse: **3-2** Proper food, sleep and breaks between studying. Don't try and cram everything in at the last moment, like you've done this time.

Student: Well, um, the exams will be over in a couple of weeks. ⓒ Things will get back to normal then, I'm sure.

Nurse: I was actually talking about right now. You need to be aware of what you eat and how much rest you're getting especially at this time. The brain works a lot better after a rest and the right nutrition.

Student: I got it. Listen, I'll try, but don't you have anything now that I could take to get me better right away?

Nurse: Yes, I do. Do you have any allergies to medicines that you know of?

Student: Ah...not that I know of. ⓓ I've taken these types of powders before and I've never had any problems with them.

Nurse: **4** This medicine carries a charge, ⓔ unfortunately. We only give out medicine free of charge in case of emergency — well, when things are a lot worse than the condition you're in now. It's not so expensive, of course, but if you would like, the doctor can write you a prescription and then you can buy the same medicine at a pharmacy. It may work out a little cheaper.

Student: No, that's, um, no problem. I don't mind paying.

Nurse: Fine, then. This powder will settle your stomach for the moment. Put it in your mouth and wash it down with some water. ⓕ As for your eyes, I think it could all be stress-related, but to be on the safe side, ⓖ get some professional advice from an ophthalmologist.

Ⓐ blur：ぼやける

Ⓑ nothing more 〜 than...：…より〜なものはない

Ⓒ in a couple of weeks：in の意味は「〜後」で「〜以内ではない」
　　＊a couple of の聞き取りに注意。"le" と "f" がほとんど聞こえない。

Ⓓ that I [you] know of：私 [あなた] の知っている限りで

Ⓔ This medicine carries a charge.
　　＊carry には多くの意味があるが，ここでは「〜を負う」の意味。

Ⓕ wash 〜 down with some water：〜を水で流し込む (飲み込む)

Ⓖ to be on the safe side：念のため

スクリプトの訳

学生と学校の看護師の会話を聞きなさい。

学生：とても気分が悪いんです。吐きそうです。

看護師：ええ，具合が悪そうですね。どうしましたか。どのくらいこのような症状が続いているのですか。

学生：ええと，試験を受けていたら，突然視界がぼやけてきました。目か何か (のトラブル) かと思いましたが，それからおなかが痛くなってきて…

看護師：分かりました，ここにお掛けなさい。さて，いつもコンタクトをつけるか眼鏡はかけていますか。以前にもこのように目がかすむことがありましたか。

学生：いいえ，ああ，コンタクトはつけていませんし眼鏡もかけていません。視力は昔から良いのです。今回が初めてです。

看護師：なるほど。えー，体温はどうなのか測ってみましょうか。ええ，表面的には，大きな問題はなさそうです。ということは，体の中に何か異常があるのかもしれません。ええと，37 度，心配はありませんね。インフルエンザの初期症状かと少し思ったのですが。今週は，多くの学生にインフルエンザの初期症状が見られていますが，あなたは高熱ではありませんね。他の症状はどうですか…下痢とか，目まいとか，そんな症状は？

学生：いいえ，そういうものは何もありません。ええと，最近は食欲があまりないのですが，普段からあまりたくさん食べる方ではありません。

看護師：分かりました。えー，あなたが受けていた試験はどうですか。重要な試験ですか。

学生：はい，とても重要です。最終成績の 30％を占めます。来週，あと 2 つ試験があります。2 週間に試験が 3 つです。今回の試験の勉強で，今朝の 3 時まで起きていました。

看護師：なるほど。まあ，ストレスが目に出ている可能性が高いですね。ストレスと極度の集中が重なると，体のさまざまな場所に，さまざまな形で影響を与えることがあります。時には腹痛になる人も。目にトラブルを起こす人も…。

学生：ええ，今ストレスを感じているとは思います。でも，試験はうまくやらないといけないし，さもないと…。

看護師：ええ，そうでしょうね。でも，健康より大切なものはありませんよ。試験があるからといって，健康を無視してもよいということはありません。体の基本的な欲求は満たさなければなりません。

学生：どういう意味ですか。

看護師：適切な食事と睡眠，そして勉強の合間の休憩です。今回あなたがしたように，土壇場で全部詰め込もうとしてはいけません。

学生：えっと，試験はあと2週間で終わります。終わればきっと元に戻ると思います。

看護師：私は今のことを話していたのです。あなたは特に今，何を食べてどのくらいの休息を取っているのか，認識する必要があります。脳は，休息と適切な栄養を取ると，それまでよりもずっと良く働きます。

学生：分かりました。あの，やってみますが，何か今すぐに症状が良くなるように飲めるような薬はありませんか。

看護師：ええ，ありますよ。知っている範囲で何か薬に対するアレルギーはありますか。

学生：えっと，少なくとも知っている限りではありません。以前にこの種の粉薬を服用したことがありますが，なんの問題もありませんでした。

看護師：この薬は残念ながら有料です。救急の場合にだけ，無料で処方します。えー，今のあなたの症状よりずっと重いような場合です。もちろんそれほど高くはありませんが，もしよろしければ医師に処方箋を書いてもらって，同じ薬を薬局で買うこともできます。その場合は少し安くなるかもしれません。

学生：いいえ，それは，えっと，問題ありません。支払いは気にしません。

看護師：分かりました。この粉薬は，ひとまず胃を落ち着かせてくれます。口に入れて，水で流し込んでください。目に関しては，症状はすべてストレスから来ているのだと思いますが，念のために眼科医から専門的なアドバイスを受けてください。

1　正解　B

訳　なぜ学生は看護師を訪ねてきたか。

A　試験中に目が痛み，具合が悪くなった。

B　目の焦点が合わなくなってきて，具合が悪い。

C　試験中に目まいがし，退席するよう言われた。

D　眼鏡をなくし，気分がすぐれない。

解説　下線部1で学生は「突然視界がぼやけてきた。それからおなかが痛くなってきた」と説明している。目についてはぼやけてきたとは言っているが，A のように痛むとは言っていない。また，C のように目まいや退席するような指示についての言及や，D のように眼鏡をなくしたという言及もない。正解は B 。

2 正解 Ⓒ

> **訳** 結局, 看護師は学生の不調の原因を何だと思っているか。
> Ⓐ インフルエンザの初期症状が出ている。
> Ⓑ 目に何らかの重大な問題を抱えている。
> Ⓒ 学校関連のストレスによる影響に苦しんでいる。
> Ⓓ 薬を飲みすぎている。

> **解説** 学生の発言「今朝の3時まで起きていた」を受けて下線部**2**で看護師は学生の不健康な生活に納得し, さらに「ストレスが目に出ている可能性が高い。腹痛になる人もいるし, 目にトラブルを起こす人もいる」と続け, 今回の学生の不調の原因はストレスだと推測している。よって, 正解は Ⓒ 。

3 正解 Ⓐ

> **訳** 学生が健康を改善するために取るべき措置は何か。
> Ⓐ 適切な食事をし, 十分な休息をとる
> Ⓑ 運動と勉強のバランスを保つ
> Ⓒ 試験が終わるまで待ち, それから元に戻るようにする
> Ⓓ 夜はもっと早く寝る

> **解説** 下線部**3-1**で看護師は「体の基本的な欲求は満たさなければならない」と言い, その具体的な内容として, 下線部**3-2**で「適切な食事と睡眠, そして勉強の合間の休憩」を勧めている。よって, 正解は Ⓐ 。

4 正解 Ⓐ

> **訳** 薬に関して, 看護師は学生にどのような説明をしているか。
> Ⓐ 薬代を支払わなければならない。
> Ⓑ 救急なので薬代は無料である。
> Ⓒ 薬を買うには, 医師が処方箋を書かなければならない。
> Ⓓ 薬局で買う薬より安い。

> **解説** 下線部**4**から薬は有料と分かるので, Ⓐ が正解。救急の場合だけは無料とあるが, この学生よりも深刻な場合なので Ⓑ は不適切。Ⓒ については, 薬はこの場で買えるので, 必ずしも医師の処方箋は必要ではない。薬局で買う方が安いかもしれないと言っているので Ⓓ は不正解。

会話の一部をもう一度聞き，質問に答えなさい。（スクリプト太字部分参照）

5 正解 Ⓑ

訳 この学生について何が推測できるか。
Ⓐ すぐに医師に診てもらわなければならない。
Ⓑ セカンド・オピニオンを受けるために，眼科医に診てもらった方がよい。
Ⓒ ストレスを解消する方法を考えなければならない。
Ⓓ 目の症状のために薬を服用する必要がある。

解説 「眼科医から専門的なアドバイスを受けて」と言っているので，Ⓑ が正解。Ⓑ の should は義務ではなく，「〜した方がいい」という丁寧な助言を表す。Ⓐ については，to be on the safe side「念のために」とあり，医師に絶対に今すぐ診てもらわなければならないわけではないので，不適切。

実戦練習 **4**

Sociology

 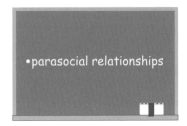

Now get ready to answer the questions.
You may use your notes to help you answer.

1 What is the lecture mainly about?
- (A) The dangers that come with fame
- (B) New kinds of relationships on the internet
- (C) How performers exploit their fame
- (D) A social phenomenon in online media

2 According to the professor, what is distinct about internet performers?
- (A) They more often use a fictional persona when acting.
- (B) They have to rely more on endorsements for money.
- (C) They work harder to make connections with their fans.
- (D) They often perform in a very casual manner.

3 What is mentioned about people who tend to have many parasocial relationships?
- (A) They usually don't have close relationships with their family.
- (B) They often send a lot of money to celebrities they admire.
- (C) They tend to be more sociable and outgoing overall.
- (D) They generally had trouble forming relationships as children.

4 What does the professor mention is a risk of parasocial relationships?
- Ⓐ Celebrities influencing fans to spend unnecessarily
- Ⓑ Lowering the number of friendships a person has
- Ⓒ Excessive amounts of time spent on the internet
- Ⓓ Losing the ability to effectively communicate

5 Indicate whether each of the elements below describe an element of parasocial relationships.

Click the correct box for each phrase.

	Yes	No
Ⓐ From the Greek root for "false"		
Ⓑ Isn't experienced equally on each side		
Ⓒ Is more common among people with low self-esteem		
Ⓓ Can build friendship with other fans of a celebrity		

Listen again to part of the lecture.
Then answer the question.

6 What does the professor mean when she says this: 🎧
- Ⓐ She warns the student not to confuse similar terms.
- Ⓑ She wants to correct something the student overlooked.
- Ⓒ She is congratulating the student for making an important connection.
- Ⓓ She wants the student to consider parasocial relationships he himself may have formed.

ポイント

- まず parasocial relationships（パラソーシャル関係）という語が出てきます。パラは「～の近くに」の意味で parasocial は側社会性の意味です。
- 新しい形に変化してきている社会の情報発信において，発信者と受け手の関係性がどう変化したかを聞き取ります。
- 最後に話される問題点も注意して聞きましょう。

スクリプト

グレーで示してある箇所（concept of parasocial relationships など）はこの講義のコアの部分です。これをきちんと追いながら聞くことができていれば，問題を解くために必要な会話の内容が理解できていることになります。

Listen to part of a lecture in a sociology class.

Professor: **1** So a media-related topic I wanted to bring up is the concept of parasocial relationships[A], which has gotten a lot of attention recently with the rise of social media, though it's existed for decades. It was coined by the researchers Donald Horton and R. Richard Wohl in the 50s, and the general idea is that mass media, especially things like television and radio, creates a kind of relationship between viewers and performers. To the viewers, these relationships feel somewhat like normal relationships; they hear people talk, sometimes directly at them, in much the same way they'd do with their friends. **5-B** However, these relationships are totally one-sided. The performer is aware they have an audience, but don't know the individuals. That's why the relationship is "para" social, **5-A** "para-" coming from the Greek for "adjacent to." They're close to a relationship, but not quite.

Student A: So what's the difference between just being a fan and having a parasocial relationship?

Professor: The borders between the two are definitely fuzzy, but usually when someone is interested in the personality of a celebrity, that could be considered a parasocial relationship. The reason this is a hot topic now is because of new forms of media that encourage them. Things like online livestreams[B] and podcasts[C] provide an extremely intimate view of the performers' lives. On television and in movies, there's still a bit of distance, especially in works of fiction, or music. Even for things like talk shows where the tone is more conversational, there's still some, uh, "remove" you might say. The host still has a persona❻ different from their usual self. ❷ Many internet personalities act and speak in a way that's much more informal and relaxed. Some popular online content takes the form of intimate conversations between groups of friends who act as hosts. It's much easier to imagine yourself sitting amongst a circle of friends during one of these shows compared to something like a game show or rock concert.

Student B: So are people worried about the rise in parasocial relationships because they might, I mean, if they watch too many livestreams they might only have these kind of relationships and stop having real relationships with friends?

Professor: That's definitely been a concern, and there are examples of people who retreat from public life and spend excessive amounts of time and energy on these parasocial relationships, but the evidence has been less clear. ❸ At least one study has suggested that people who engage in parasocial relationships might have more real-life relationships than other people. One explanation might have to do with how fan culture creates friendships; ❺-❹ if you develop a parasocial relationship with an actor, there are other fans of that actor who you can spark a real friendship with. The other reason might be that people who are extremely social might benefit from parasocial relationships when their normal relationships aren't quite enough to keep them satisfied. If you're the kind of person who loves hanging out with people at all times of the day, eventually you're going to run out of friends who have time to do that. In that case, you might want something that scratches the same itch,❸ like streamers who chat with their fans.

Student B: So are there any examples of real problems with these kind of relationships?

Professor: Yes, though not where you might expect. One of the actual biggest concerns is the safety of these performers themselves. When you foster these types of parasocial relationships, you increase the chances of one of your fans becoming convinced they really are your friend and starting to make demands for your attention and time. This can turn dangerous when things like romantic requests are rejected, which may lead to stalking.

Student A: Is it really all that different from how celebrities were treated in the past? Stalkers have been around since movie stars were a thing, right?

Professor: That's true, but remember that those were also parasocial relationships

of a type as well. And in the past, you usually had a certain level of fame and wealth to attract that kind of negative attention. Those people had money to spend on security and record labels❶ or movie studios would help performers deal with those kinds of issues. If you're a podcaster you probably have less training with that sort of thing and fewer resources to protect yourself.

Student B: So is the worry about parasocial relationships just, like, sort of overblown as a problem for most people? Are there any clear downsides to these parasocial relations?

Professor: There are, but they're more monetary. People in parasocial relationships tend to be much more easily swayed to buy things endorsed by the performers they admire. After all, you're more likely to take the recommendation of someone you consider a friend than a random spokesperson. 🔳Performers can really take advantage of their fans if they willingly prey on this tendency. Sometimes that's just spending a lot on products they endorse, but sometimes they convince fans to sign up for things like risky investment schemes which can be financially devastating.

スクリプトの訳

社会学の講義の一部を聞きなさい。

教授：私が取り上げたいメディア関連のトピックはパラソーシャル関係の概念です。それはソーシャルメディアの台頭とともに最近大変注目を集めている概念ですが，何十年も前から存在しています。この語は 1950 年代にドナルド・ホートンと R・リチャード・ウォールという研究者によって名付けられ，その一般的概念は，特にテレビやラジオのようなマスメディアが視聴者と出演者の関係を作り出すということです。視聴者にとっては，このような関係はいくらか普通の関係に感じます。彼らは人が時には直接彼らに話すのを聞き，ちょうど自分の友達とするのと同じように聞きます。しかし，これらの関係は全く一方的です。出演者は視聴者がいるのを知っていますが個々の人は知りません。ですからその関係は「パラ」社会的で，この "パラ" はギリシャ語の語句「隣接の」から来ています。それらは人と人との関係に近いですが，十分ではありません。

学生A：では，誰かのファンであるのとパラソーシャル関係にあるのとは何が違うのですか。

教授：境は確かにはっきりしませんが，通常，誰かが著名人に人としてより興味がある場合，パラソーシャル関係と見なされるのではないでしょうか。これが今日，注目の話題になっているのは，それらを刺激する新しい形のメディアのためです。オンラインの生配信やポッドキャストのようなものは，出演者の非常に個人的な生活の光景を提供します。テレビや映画では，特にフィクションや音楽においては，まだ少し距離があります。より会話的な口調のトークショーのようなものでも，あー，言うならば「距離感」がまだあります。ホストも通常の自分とは違うペルソナをまだ持っています。多くのインターネット上の有名人はより砕けて，リラックスしたような行動や話し方をします。人気のあるいくつかのオンラインコンテンツでは，ホストとして振る舞う友人のグループの間で親密な会話形式をとります。これらのショーの間，ゲームショーやロックコンサートのようなものと比べてみれば，自分自身が友達の輪の中に座っていることをより簡単に想像できるでしょう。

学生B：では，人々がパラソーシャル関係の増加について心配しているのは，えー，もし，彼らがあまりに多くのライブ配信を見ると，このような関係しか持てず，友達と実際の関係を持つことをやめてしまうかもしれないからですか。

教授：それは確かに懸念されてきました。公の生活から隠遁し，極端に多くの時間とエネルギーをこのようなパラソーシャル関係に費やした人の例がありますが，あまりはっきりした証拠はありません。少なくとも1つの研究は，パラソーシャル関係に加わる人は他の人よりも，より多くの実生活での人間関係を持っているかもしれないと示唆しています。1つの説明は，ファン文化がいかに友交を作り出すかということと関係しているかもしれません。すなわち，もしあなたがパラソーシャル関係を俳優と作り出せば，その俳優の他のファンと真の友情を築くことができます。他の理由は，極端に社会的な人が普通の人間関係で十分に満足をしていないときにパラソーシャル関係から利益を得られるかもしれません。もしあなたが人々と一日中付き合うのが好きな人であれば，それができる時間のある友人はやがていなくなってしまうでしょう。そのような場合，同じ欲望を満足させる何か，例えば自分のファンとおしゃべりするストリーマー（動画などの配信者）のようなもの，が欲しくなるかもしれません。

学生B：で，これらの種類の関係で何か実際の問題の例はありますか。

教授：ええ，あなたが思っているようなものではありませんが。最も大きい実際の懸念の1つは，これら出演者自身の安全です。これらのパラソーシャル関係を促進させると，ファンの誰かが自分は本当に友達であると確信し，注意と時間を要求するようになってくるというリスクが増加します。これは恋愛関係の要求などを断ったときには危険になり，ストーキングにつながるかもしれません。

学生A：過去に有名人がどのように扱われてきたかとそんなに違いますか。ストーカーは映画スターたちが登場したときからずっといましたよね。

教授：その通りです，しかしそれもまた，パラソーシャル関係の一種だということを覚えておいてください。それに，過去においてそのような否定的な注目を引いたのは，ある程度の名声と富を有する人たちでした。そのような人々は，警備に使うお金があり，レコード会社や映画制作会社が出演者がそのような種類の問題に対処する手伝いをしました。もしあなたがポッドキャスターであれば，たぶんそのような問題に対処するトレーニングや自分を守る手段が限られているでしょう。

学生B：では，パラソーシャル関係についての懸念は，えー，多くの人にとっては，ちょっと誇張された問題なのでしょうか。これらのパラソーシャル関係には何か明確に否定的な面はありますか。

教授：あります，しかしそれはもっと金銭的なものです。パラソーシャル関係にある人たちは，自分たちが憧れる出演者によって推奨された物を，より簡単に買う気持ちになる傾向にあります。結局，人は誰でも，誰だか分からない代弁者より，自分が友達と考える人の推薦を受け入れる可能性がより高いでしょう。出演者たちが，もしこの傾向を故意に食い物にしているなら，自分たちのファンを簡単に利用することができます。単に彼らが推薦したものに多くのお金を使うだけのときもありますが，金銭的に大被害を及ぼすリスクの高い投資計画のようなものへ加入するよう自分たちのファンを説得することもあります。

---

1 正解 Ⓓ

訳 この講義は主に何についてか。
Ⓐ 名声に伴う危険
Ⓑ インターネット上の新しい種類の人間関係
Ⓒ どのように出演者は自分の名声を利用するか
Ⓓ オンラインのメディアにおける社会的現象

解説 下線部**1**で，ソーシャルメディアが注目を集める中で知られてきたパラソーシャル関係を取り上げると言っている。したがって正解は Ⓓ 。

---

2 正解 Ⓓ

訳 教授によれば，インターネット出演者について明らかに (他とは) 異なるのは何か。
Ⓐ 彼らは演技するとき，架空の人物をより多く使う。
Ⓑ 彼らはお金のために，より支援に頼らなければならない。
Ⓒ 彼らは自分たちのファンとつながりを作るためにより一生懸命働く。
Ⓓ 彼らはしばしば非常に砕けた態度で役を務める。

解説 下線部**2**で「インターネット上の有名人はより砕けて，リラックスしたような行動や話し方をする」と言っているので，正解は Ⓓ 。

---

3 正解 Ⓒ

訳 多くのパラソーシャル関係を持つ傾向にある人たちについて，何が言及されているか。
Ⓐ 彼らは通常自分の家族と密接な関係を持たない。
Ⓑ 彼らは自分たちが憧れる著名人にたくさんのお金を送る。
Ⓒ 彼らは全体的により社交的で外交的な傾向にある。
Ⓓ 彼らは概して子供の頃人間関係を築くことを苦手としていた。

解説 下線部**3**で「少なくとも1つの研究は，パラソーシャル関係に加わる人はより多くの実生活での人間関係を持っているかもしれない」と言っている。正解は Ⓒ 。

4 正解 Ⓐ

> **訳** 教授はパラソーシャル関係のリスクとして何に言及しているか。
>
> Ⓐ 著名人がファンに不必要にお金を使わせるよう影響を与えていること
> Ⓑ 人が持っている友達の数を減らしていること
> Ⓒ インターネットに過剰な時間が使われていること
> Ⓓ 効果的にコミュニケーションを取る能力が失われていること

> **解説** パラソーシャル関係の懸念を問う学生に対し，下線部 **4** で「自分たちのファンを簡単に利用することができる。彼らが推薦したものに多くのお金を使うだけのときもあれば，リスクの高い投資計画へ加入するよう説得することもある」と言っており，正解は Ⓐ 。

5 正解 Yes Ⓑ Ⓓ　No Ⓐ Ⓒ

> **訳** 下記の各要素がパラソーシャル関係の要素について述べているかどうかを示しなさい。
>
> それぞれの語句について，正しいボックスをクリックしなさい。
>
> Ⓐ ギリシャ語の語根「誤った」に由来する
> Ⓑ それぞれの側が公平に経験していない
> Ⓒ 自尊心の低い人たちの方がなりがちである
> Ⓓ 著名人の他のファンと友情を築ける

> **解説** 下線部 **5-A** に「(この "パラ" は) ギリシャ語の語句『隣接の』から来ている」とあり Ⓐ は No。下線部 **5-B** 「しかし，これらの関係は全く一方的だ」より Ⓑ は Yes。下線部 **5-D** に「もしあなたがパラソーシャル関係を俳優と作り出せば，その俳優の他のファンと真の友情を築くことができる」とあるので Ⓓ は Yes。Ⓒ は言及されていないので No。

講義の一部をもう一度聞き，質問に答えなさい。（スクリプト太字部分参照）

6 正解 Ⓑ

> **訳** 教授はこのように言ったとき，何を意味しているか。（スクリプト破線部参照）
>
> Ⓐ 教授は学生に似たような言葉を混同しないようにと注意している。
> Ⓑ 教授は学生が見落としたところを訂正したいと思っている。
> Ⓒ 教授は学生が重要な関連付けをしたことを称賛している。
> Ⓓ 教授は学生に学生自身が築いたかもしれないパラソーシャル関係を考えてほしいと思っている。

> **解説** 過去の有名人との違いを問う学生に対して，教授は「その通りだが，しかし」と言って見落としている現象，つまり同じような現象でも過去のそれより今はより危険性が高いことを説明している。よって正解は Ⓑ 。

🔊 track 112-118

Linguistics

Now get ready to answer the questions.
You may use your notes to help you answer.

1 What is the lecture mainly about?
- Ⓐ Theories on how children acquire their mother tongue
- Ⓑ How children copy things soon after birth
- Ⓒ The role of parents in helping children learn language
- Ⓓ An explanation of processes involving behavioral science

2 Why does the professor talk about the way teeth are brushed?
- Ⓐ To introduce something we should think more about
- Ⓑ To give an example of a conditioned action
- Ⓒ To show there are two ways of approaching a problem
- Ⓓ To compare speaking with another action involving the mouth

3 Which of the following facts about Noam Chomsky is NOT true?
- Ⓐ After linguistics, he became interested in politics.
- Ⓑ His book was contrary to the prevailing behaviorist theories.
- Ⓒ His ideas align with the nature camp.
- Ⓓ He believes our behavior depends on conditioning.

4 Which of the following best sums up how behavioral psychologists believe children learn a language?

Ⓐ Children make associations with language, which are then reinforced.

Ⓑ Parents only encourage correct language behavior.

Ⓒ Correction of language is important for repeated development.

Ⓓ Somewhere in the brain is the capacity to fully understand a language waiting to be activated.

5 In the lecture, the professor describes the ideas about language acquisition that Chomsky proposed. Indicate whether each of the following is part of his theory.

Click the correct box for each sentence.

	Yes	No
Ⓐ Children are born with language ability and environment plays a small role.		
Ⓑ Reinforcement helps children to understand language problems.		
Ⓒ The first words we hear trigger switches that determine the type of language structure we use.		
Ⓓ Children understand the grammar of a language without being explicitly taught it.		
Ⓔ Before birth, an imaginary switch controls our language use.		

Listen again to part of the lecture.
Then answer the question.

6 Why does the professor say this: 🎧

Ⓐ To disprove the behaviorist theory by showing a sentence that cannot be copied

Ⓑ To show the effect of incorrect language in our own environment

Ⓒ To point out that we instinctively know incorrect sentences even if we've never heard them

Ⓓ To make students aware that not all input we receive is 100% correct

ポイント

● 冒頭で，母語を子供が習得するには2つの理論があると述べています。それは生得説 (nature) と環境説 (nurture) です。ノートは nature と nurture の2つを意識しながら仕分けしていきます。

● 途中から Chomsky の理論が出てきます。彼は nature と nurture どちらの考え方なのか，彼の理論の特徴は何かを意識してノートを取りましょう。

● 歯磨き，自転車やピアノなどさまざまな例が出てきます。それぞれ，何を説明するために使われているのか，意識しながら聞き取りましょう。

スクリプト

グレーで示してある箇所 (children など) はこの講義のコアの部分です。これをきちんと追いながら聞くことができていれば，問題を解くために必要な講義の内容が理解できていることになります。

Listen to part of a lecture in a linguistics class.

Professor: **1** The two main theories that try to describe how children learn their first language, or mother tongue, fall on either side of a fence — nature or nurture. **Ⓐ** For people on the former side, a facility like speech is something everyone is born with. **3-D** Whereas **Ⓑ** the other, the nurture lot, thinks that we are a product of our environment and conditioning, and that we learn by copying our speech, in other words, behavior, from other people.

Student A: Well, when we get a bit older, we copy our friends and stuff — that's kinda like nurture, isn't it?

Professor: Well, yes, you could argue that peer pressure is some kind of conditioning tool. What I'm thinking of is speech ability, long before we build complex human relationships.

Student B: Sorry, professor. What is conditioning?

Professor: **2** Well, conditioning means something that makes us react in a certain way, and can be hard to break...let's see now...um, when you brush your teeth you might brush from right to left — you do this unconsciously without thinking. You'd never think in a million years about starting left to right. Do you see? Right. Let's back up a bit and give these two camps some scientific perspective. Firstly, people in the nurture camp are called behaviorists$^{©}$ or behavioral psychologists. Now, their theories prevailed in the 40s and 50s, until one man changed everything in 1957 — **3-C** Noam Chomsky,$^{©}$ a nativist$^{©}$ who opposed the behaviorist view of language...I, ah, better write it on the board.

Student A: I've heard that name before. I saw him on a TV show discussing politics.

Professor: Exactly the same person. **3-A** He made his name as a linguist and then used his fame to become a commentator on political issues. Right, so where was I? Ah, yes...**3-B** Chomsky...uh...his book, uh, *Syntactic Structures*. I'll come back to his argument in just a minute, but this book just turned the whole linguistic world on its head as everything up until that point that had been the preserve of behaviorists was blown apart by one book. Incredible, isn't it? Naturally, the behaviorists were not happy and launched the famous linguistic wars against the nativists, as each side claimed to have disproved the other.

So, let's have a look at both theories and see what's being offered. Well, let's start with the behaviorists, who claimed that all learning, not just speaking, but other skills like riding a bike or playing the piano take place through the same basic process. **4** For speaking, that's receiving input, or, ah, language, let's say. And then young children make associations$^{©}$ between input and objects or events. As these experiences are repeated, the association becomes stronger. Then, to reinforce these associations even further, parents give encouragement for correct imitations, or when mistakes are made, a parent would correct a child, like if a child calls a piece of food a different name, or something like that. So, language becomes a habit and a continual process of imitation and reinforcement. That doesn't sound so unreasonable, does it?

Well, **5-D** Chomsky would say it is unreasonable because all children are born with grammar innate$^{©}$ in their system. That's grammar as in the sense of a set of rules that acts instinctively$^{©}$ without being told what is correct or not in our language. In simple terms, Chomsky would claim that perhaps somewhere in the brain is **5-C** the capacity to fully understand a language waiting to be activated, and as soon as the parent starts to utter the first few words that the child can hear, there is a...an imaginary switch that engages the type of language structure to be used from that point on. Word order in sentences in countries like Japan is almost back to front compared to English, so we might say that that switch would go the other way for Japanese kids to enable them to pick up the Japanese grammar system, if you see what I mean.

Student A: Professor, how do people know this? You can't cut someone's brain open and find grammar or interview a child that doesn't speak yet to find out, or anything.

Professor: So you want some evidence, right? Firstly, language acquisition,❶ the ability to talk, happens to all children at around the same age, between 2 and 4 years old. So there is a critical period in which a language must be learnt, **5-A** and Chomsky is not denying that the environment plays a part, but he does, however, claim language ability is already in us, at the DNA level. Think about this, too. **How come if I say a sentence** that you've probably **never heard before, you will know** straight away that the structure of it is **correct, or not?** Uh, "the man has walking his beautifully elephant," you straight away know what's wrong, right? Plus, if we learn by imitating other people in language, it does not explain how we ourselves can make the most complex of long sentences that we have never made before with relative ease.

音声聞き取りのポイント

Ⓐ nature or nurture：生得か環境か（生まれか，育ちか）

Ⓑ whereas：〜であるのに対し　＊対比するときによく用いられる。

Ⓒ behaviorist：行動主義者

Ⓓ Noam Chomsky：ノーム・チョムスキー　＊たとえ彼の名前を知らなかったとしても，講義の内容から生得主義者，政治評論家だと理解できる。

Ⓔ nativist：生得主義者

Ⓕ association：（意味の）連想，関連付け

Ⓖ innate：生得の，先天的な

Ⓗ instinctively：本能的に，直感的に

❶ language acquisition：言語獲得，言語習得

スクリプトの訳

言語学の講義の一部を聞きなさい。

教授：子供が第一言語，つまり母語を学習する過程を説明しようとする主な理論は，生得説と環境説の二派に分かれます。前者を支持する人にとっては，話すといった能力は誰もが生まれつき持っているものです。それに対し，もう一方の環境説を支持するグループは，私たちは環境と条件付けの産物であり，他人の話し方，別の言葉で言うと振る舞いを模倣することで学習するのだと考えます。

学生Ａ：ええと，私たちが少し成長すると，友達とかのまねをします。それは一種の環境説なんですよね。

教授：えー，そうですね，仲間からの圧力は一種の条件付けの道具であると言えますね。ですが，

私が考えているのは話す能力で，複雑な人間関係を築くずっと前のことです。

学生B：すみません，教授。条件付けとはどういうことですか。

教授：えー，条件付けとはですね，私たちにある決まった反応をさせ，しかも，変えることが困難なものです。例えば，えーと，歯を磨くとき，君は右から左へと磨いているかもしれません。何も考えず無意識にそうしますね。100万年たっても左から右にやってみようとは思わないはずです。分かりましたか。いいでしょう。では，ちょっと戻って，先に述べた2つの立場に科学的な見解を加えてみましょう。まず，環境説の立場にある人たちは行動主義者または行動心理学者と呼ばれています。さて，彼らの説は40年代から50年代を通じて支配的な見解でしたが，1957年に1人の男性がすべてを変えてしまいました。ノーム・チョムスキーという生得主義者です。彼は，行動主義的な言語観に反対しました。ええと，黒板に書いた方がいいですかね。

学生A：その名前は以前に聞いたことがあります。その人が政治に関する討論をしているのをテレビ番組で見ました。

教授：まさにその人です。彼は言語学者として名を成し，政治問題の評論家となるために自身の名声を利用しました。ところで，どこまで話しましたっけ。そう，チョムスキーの著書『統辞構造論』です。彼の主張については後で述べますが，この本は言語学界全体を根底から覆したのです。何しろ，それまで行動主義者の領分だったものすべてが，1冊の本によって粉々に吹き飛ばされてしまったのですから。信じられないでしょう？　当然，行動主義者たちは心穏やかではありませんでした。生得説派に対して，有名な言語学戦争を始めたのです。双方の側が，相手側の誤りを証明したと主張しました。

ということで，両方の理論について何が売りなのか見てみましょう。まず，行動主義者から始めましょう。行動主義者は，話すことばかりでなく，自転車に乗ったりピアノを弾いたりする技能，こうした学習がすべて，同じ基本的なプロセスを経て行われると主張しました。つまり，話すことに関しては，それはインプット，つまり言語情報を受け取ることです。幼児はこのインプットと対象物，または出来事との関連付けを行います。このような経験が繰り返されると，関連付けが強くなります。そしてこの関連付けをさらに強化するために，模倣が正しく行われると親は子供を励ますでしょうし，あるいは子供が間違えた場合は，親が正すでしょう。例えば，子供が食べ物の名前を間違えて言ったりした場合などです。そして言語は習慣となり，模倣と強化の連続したプロセスとなるわけです。どうですか，言っていることはそれほど不合理ではないでしょう。ですが，チョムスキーはそれを不合理だと言っています。なぜなら，子供はみんな，生まれつき身体の中に文法を備えているからだと言うのです。文法，つまり，私たちの言語で何が正しく何が間違いかを，言われるまでもなく，直感的に私たちに訴えかけてくる一連の規則，という意味での文法です。簡単に言うと，チョムスキーは次のように主張しています。おそらく脳のどこかで，言語を十分に理解する能力が活動状態にされるのを待っており，子供が聞き取れる言葉を親がいくつか発し始めるとすぐさま，想像上のスイッチが入り，その時点からそのタイプの言語構造が使用できる状態になるのだと。日本のような国では文における語順が英語とほとんど逆になっています。だからそのスイッチは英語とは異なる動きをすることで，日本人の子供に日本語の文法体系を獲得させることができるのだと言えるかもしれません。私の言っていることが分かりますかね。

学生A：教授，人はどのようにしてこのことを知るのですか。人の脳を切り開いて文法を見つけることもできませんし，答えを出すためにまだ話もしない子供に尋ねたりすることもできません。

教授：証拠が欲しいのですね？　では，まず言語習得，話す能力のことですが，これはどの子供にもほぼ同じくらいの年齢で発生します。2歳から4歳までの間です。ということは，言語が習

得されなければならない臨界期が存在するということです。チョムスキーは環境が一役買っていることを否定はしていません。しかし一方で，言語能力はすでに DNA レベルで存在していると主張しています。また，次のことも考えてみてください。なぜ私が君たちに，過去に聞いたことのない文を言っても，君たちはその文の構造が正しいかどうかをすぐに見分けるのでしょうか。えっと，the man has walking his beautifully elephant という文の場合，すぐに何が間違っているか分かるでしょう？　さらに付け加えると，もし私たちが他の人の言葉を模倣して学ぶとするなら，今までに組み立てたことのない，極めて複雑な長い文を私たちが比較的簡単に組み立てられることが説明できません。

---

1 正解 Ⓐ

訳 この講義は主に何についてか。

Ⓐ 子供が母語をどのように習得するかについての理論

Ⓑ 子供がどのように誕生後すぐにものをまねるか

Ⓒ 子供の言語習得を助ける上での親の役割

Ⓓ 行動科学に関するプロセスの説明

解説 講義の導入部分で，教授が対立する2つの大きな言語習得説（生得説と環境説）について言及していることがポイントである。下線部**1**参照。

---

2 正解 Ⓑ

訳 教授はなぜ歯の磨き方について話しているか。

Ⓐ 私たちがもっとよく考えるべきことを紹介するため

Ⓑ 条件付けられた行動の例を示すため

Ⓒ 問題に取り組む方法が2通りあることを示すため

Ⓓ 話すことを口に関する別の動作と比較するため

解説 歯の磨き方について触れている下線部**2**の説明から条件付けの例示であることが分かる。

---

3 正解 Ⓓ

訳 ノーム・チョムスキーに関して次に挙げる事柄で，正しくないのはどれか。

Ⓐ 言語学の後，政治学に興味を持った。

Ⓑ 彼の著書は行動主義者の支配的な理論とは相反するものだった。

Ⓒ 彼の考えは生得説派と結びついている。

Ⓓ 私たちの行動は条件付けによって決まると信じている。

解説 Ⓐ は下線部**3-A**，Ⓑ は下線部**3-B**，Ⓒ は下線部**3-C** を参照。Ⓓ は，下線部**3-D** でチョムスキーが対立した環境説の内容として説明されている。

4 正解 （A）

> **訳** 行動心理学者が考える子供の言語習得法を最もよく要約しているのは，次のうちどれか。
> **(A)** 子供は言語との関連付けを行い，その後それが強化される。
> **(B)** 親は正しい言語行動を促すだけである。
> **(C)** 言語の矯正は発達を繰り返す上で重要である。
> **(D)** 脳のどこかで，言語を十分に理解する能力が活動状態にされるのを待っている。

> **解説** 下線部 **4** で「話すことに関しては，幼児はインプットを対象物，または出来事との関連付けを行う。このような経験が繰り返されると，関連付けが強くなる」とあるので，**(A)** が正解。

5 正解　Yes （A）（C）（D）　No （B）（E）

> **訳** 講義の中で教授は，チョムスキーが提案した言語取得説について述べている。次の記述が彼の理論の一部であるかどうか示しなさい。
>
> それぞれの文について，正しいボックスをクリックしなさい。
>
> **(A)** 子供は生まれつき言語能力を備えており，環境の役割は小さい。
> **(B)** 強化の結果，子供は言語の問題を理解できるようになる。
> **(C)** 初めて聞く言葉が，私たちが使う言語構造の種類を決めるスイッチを働かせる。
> **(D)** 子供は明確に教えられることなく言語の文法を理解する。
> **(E)** 生まれる前は，想像上のスイッチが私たちの言語使用を支配する。

> **解説** Yes の **(A)** は下線部 **5-A**，**(C)** は下線部 **5-C**，**(D)** は下線部 **5-D** を参照。No の **(B)** は行動主義理論の「模倣と強化」の例。想像上のスイッチは生まれてから作動するので，**(E)** の内容は間違っている。

講義の一部をもう一度聞き，質問に答えなさい。（スクリプト太字部分参照）

6 正解 （C）

> **訳** 教授はなぜこのように言っているのか。（スクリプト破線部参照）
> **(A)** まねることのできない文を示すことで，行動主義者の理論が誤りであると証明するため
> **(B)** 私たちが置かれた環境において，誤った言葉が及ぼす影響を示すため
> **(C)** 私たちが過去に聞いたことのない文でも，直感的に誤りだと分かることを指摘するため
> **(D)** 私たちが受け取る情報のすべてが100%正しいとは限らないことを学生に気付かせるため

> **解説** 教授が「なぜ過去に聞いたことのない文を言っても，君たちはその文の構造が正しいかどうかをすぐに見分けるのか」と言った後で，破線部分の例が出てきている。例が具体的に何を説明しているのかを意識しながら聞こう。

Literature

Now get ready to answer the questions.
You may use your notes to help you answer.

1 What is the lecture mainly about?
- (A) How Christmas affects Scrooge
- (B) How the main character changes in this popular story
- (C) Scrooge's unhappy childhood
- (D) The author's choice of characters for the story

2 At the beginning of the lecture, when the professor asks how a person could suddenly change from being a miser to a generous person, which of the following answers was NOT given by students?
- (A) Having a near death experience, like a car crash
- (B) Being on a sinking boat in the middle of the sea
- (C) Becoming gravely ill
- (D) Being left to die with no water or food

3 Which of the following is the reason why Scrooge became ruthless?
- (A) His parents showed him little affection.
- (B) His parents lacked social skills.
- (C) His parents were too enthusiastic about their work.
- (D) He was always surrounded by poor people.

4 In the lecture, the professor describes how the ghosts present their information to Scrooge. Indicate whether each of the following regarding the ghosts is true.

Click the correct box for each sentence.

	Yes	No
Ⓐ The Ghost of Christmas Past shows lazy, poor people.		
Ⓑ The Ghost of Christmas Present takes Scrooge to his employee's home.		
Ⓒ The Ghost of Christmas Yet to Come tells Scrooge his fate cannot be changed.		

Listen again to part of the lecture.
Then answer the question.

5 What does the professor mean when he says this?
Ⓐ The professor wants the students to gamble on the answer.
Ⓑ Miserly people are not that uncommon.
Ⓒ Charles Dickens is a very famous author.
Ⓓ Most people cannot identify with Dickens's character.

Listen again to part of the lecture.
Then answer the question.

6 What can be inferred about the professor?
Ⓐ He fully agrees with the student's answer.
Ⓑ He feels that religion is as important as the setting.
Ⓒ He thinks the student failed to properly connect some ideas.
Ⓓ He believes the student is concerned with picking up religious ideas.

ポイント

● イギリスの19世紀の作家ディケンズの『クリスマス・キャロル』を題材にした，主人公の人間性・思想の変化についての講義です。

● クリスマス・イブに4人の幽霊が出てきます。主人公のスクルージに何を見せるのか，スクルージの心境はどう変わっていくのか，メモしながら聞きましょう。

● 学生・教授の考えもきちんとメモするといいでしょう。講義の最後で教授は，この物語の意義も伝えています。

スクリプト

グレーで示してある箇所（what など）はこの講義のコアの部分です。これをきちんと追いながら聞くことができていれば，問題を解くために必要な講義の内容が理解できていることになります。大事な部分やノート・テイキングのヒントとなる事柄をふきだしで説明していますので，参考にしてください。

Listen to part of a lecture in a literature class.

Professor: Let's just imagine for a moment that you're all mean-spirited, ⒜ completely not generous, and generally contemptuous ⒝ of everything and everyone except your true love — money. Now, **1-1** what would it take for you to, um, suddenly change your ways overnight, in other words, to become benevolent ⒞ and also remorseful about your past mistakes and then make a real effort to change in the future?

Student A: Well, maybe if I got really sick and became delirious or something. **2-C** If the sickness was serious enough, I guess being close to death might be a way of...of snapping me out of my bad habits. Or not just sick, **2-A** maybe like a car accident when you see your life flash before you. I don't know what it would be like 'cause it's never happened to me, but that might, um, do it.

Student B: I don't think you would change. No, for me, I'd have to know I was going to die — **2-D** like stuck on a boat in the middle of the sea with no food or water.

Professor: Ah-ha. Well, those are all good points. **1-2** I'm sure you are all familiar with the miserly Ebenezer Scrooge from Charles Dickens's *A Christmas Carol*. In fact, I bet nearly everyone knows someone who is a...a bit "Scroogy." **1-3** Well, his turning point comes from the visitation of beings from the netherworld. ⒟

Student B: I'm sorry, the what world? Never world?

168

Professor: The netherworld — the place that ghosts and spirits come from. Well, this all takes place on Christmas Eve when he was visited by four ghosts whose combined

それぞれどんな者たちか，どういった意味を持つのかに注意しながら聞き取りましょう。

efforts brought about a change in Scrooge. The first was his old business partner, Jacob Marley, who was just as awful a person as Scrooge himself, and Marley warns that unless **ⓔ** things change, he will be damned in the same way to carry chains for the rest of eternity, and that, uh, three more ghosts are coming during the night. Needless to say, the initial shock must have been big, but Scrooge is as yet unmoved.

Student A: Yeah, it would take more than a ghost to make me stop loving money.

Professor: Along comes the second ghost, the Ghost of Christmas Past, and Scrooge is swept back to his childhood. **3** He was apparently abandoned at a boarding school by his parents during Christmas. Now, this seems to be the start of his lack of socialization. After all, Christmas is family time. His parents' lack of affection toward him turned him into an unfeeling person and taught him to be, ah, dispassionate to the world. This must have first triggered his desire to become a workaholic, and concentrate on amassing **ⓕ** his fortune, and this in turn led to his hatred of poor people, saying many would be better off dead. He adds that we should decrease the surplus population. What do you think that means?

Student A: I guess he, um, hates poor people.

Professor: Why do you think he does?

Student A: He thinks they are lazy and should work harder, I guess.

Professor: Yeah, he sees them as a product of their own bad luck. So, next the Ghost of Christmas Present comes knocking. What will Scrooge be shown next?

Student B: What a bad person he is now, and how he will need to, ah, change.

Professor: Well, you're half right — the future comes with the, um, last ghost. **4** The third ghost, however, takes him to the home of his employee Cratchit. Now, we know how Scrooge treats this guy, but Cratchit still raises a toast to his boss. At this point, he must be feeling some remorse. Then comes the last ghost, the Ghost of Christmas Yet to Come, and he is shown thieves pawning off Scrooge's belongings after his death and people he considered his friends deciding reluctantly about whether to attend his funeral. Imagine that. What an eye-opener for the guy. Finally, the ghost takes him to his grave where Scrooge begins to taste his mortality and the need for change. He asks the immortal **ⓖ** question — Is this the only possible future for me, or is there time to change, meaning — can I still get, ah, out of this situation? Well, change he does. Yeah, what do you think the Scrooge story's message is here?

Student B: Well, it's a religious Christmas story.

Professor: Well, it's set on Christmas for sure, but the message seems to be "love your fellow man," and that's not specific to Christmas. He's just, ah, telling us one of the core principles of Christianity, a much bigger point than what the holiday stands for, I believe.

音声聞き取りのポイント

Ⓐ mean-spirited：卑しい性格の，意地悪な

Ⓑ contemptuous：軽蔑した

Ⓒ benevolent：慈悲深い，博愛に満ちた

Ⓓ netherworld：冥府，地獄　＊Netherlands「オランダ」と混同しないように。

Ⓔ unless：〜しない限りは　＊if not と同義

Ⓕ amass：（富など）を蓄積する

Ⓖ immortal：不死の，不滅の

スクリプトの訳

文学の講義の一部を聞きなさい。

教授：ここで少し想像してみましょう。君たちがみんな根っから心卑しく，全く寛大さに欠け，しかも心から愛する金銭を除けばどのようなものをも，どのような人をも概して軽蔑していたとします。さて，一晩でそのような振る舞いを急に変えるには，つまり，慈悲深くなり，過去に犯した過ちを悔い，これから変わろうと本当の努力をするようになるには，どのようなことが必要になるでしょうか。

学生Ａ：えー，たぶん，重い病気になって，精神が錯乱したりした場合だと思います。病気がかなり深刻で，死期が近かったら，一気に悪習から抜け出せるかもしれません。病気だけではありませんね。自動車事故にあって，歩んできた人生が走馬灯のように目の前に現れる場合だってそうかもしれません。それがどういうものなのかは今まで経験をしたことがないから分かりませんが，そうなる可能性は，うーん，ありますよね。

学生Ｂ：僕は，変わるとは思いません。僕の場合，死ぬということを確実に自覚しなくてはならないと思います。例えば海の真ん中で食料も水もなくボートに取り残されるとか。

教授：なるほど。どれもなかなかいい点を突いていますね。君たちはきっと，チャールズ・ディケンズの『クリスマス・キャロル』に登場する，欲深いエベニーザ・スクルージのことをよく知っているでしょう。実際，君たちのほとんどは，スクルージのような感じの人を知っていると思います。えー，スクルージのターニングポイントは冥府からの来訪者です。

学生Ｂ：すみません，どこからとおっしゃったのですか。ネバーワールドですか。

教授：冥府です。亡霊や霊魂の住む場所です。さて，これはすべてクリスマス・イブに起きるので

すが，4人の亡霊がスクルージのところへやって来ました。そして亡霊たちの結集した努力によって，スクルージに変化が起きます。1人目は，過去に彼のビジネス・パートナーだったジェイコブ・マーレイでした。マーレイはスクルージと同じくらいひどい人物で，もしもこのまま状況が変わらないと，自分同様，永久に鎖を引きずっていくことになるぞとスクルージに警告します。そして，えー，その夜さらに3人の亡霊がやって来ると教えます。言うまでもなく，最初のショックは大きかったに違いありません。しかし，スクルージはまだ心を動かされません。

学生A：ええ，私にお金を愛するのをやめさせるには，幽霊以上のものが必要です。

教授：次に，2人目の亡霊として過去のクリスマスの亡霊がやって来ると，スクルージは子供時代に連れ戻されます。どうやらスクルージはクリスマスの時期に，両親によって寄宿学校に置き去りにされたようです。スクルージが人との付き合いに乏しくなったのは，この出来事が始まりなのでしょう。何と言っても，クリスマスは家族の時間ですからね。スクルージに対する両親の愛情の欠如が彼を冷酷な人間に変え，世間に対して，えー，無感情になるよう教えたのです。この出来事がきっかけで彼は仕事中毒になりたいと思うようになり，富を築くことに専念するようになったに違いありません。その結果，彼は貧しい人々に対し激しい嫌悪を示すようになり，貧乏人の多くは死んだ方がいいと言うようになりました。過剰人口は減らすべきだ，とも言っています。こういったことは何を意味していると思いますか。

学生A：スクルージは，えっと，貧しい人々を嫌っていると思います。

教授：なぜだと思いますか。

学生A：貧乏人は怠け者で，もっと働くべきだと考えているからだと思います。

教授：そうですね。スクルージは貧しい人たちを，自分たちに根ざした不運の産物だと見ています。さて次に，現在のクリスマスの亡霊がやって来てノックします。スクルージが次に見せられるものは何でしょうか。

学生B：卑劣な今の自分の姿です。そして，ええと，どのように変わるべきかです。

教授：うーん，半分は正しいですね。未来の話は，えー，最後の亡霊とともに登場します。一方，3人目の亡霊はスクルージを従業員のクラチットの自宅に連れて行きます。さて，私たちはスクルージがこの人物をどのように扱っているか知っていますが，クラチットはそれでもボスに祝杯をあげています。ここで，スクルージは多少良心の呵責を感じているに違いありません。そしてやって来るのが，最後の亡霊である未来のクリスマスの亡霊です。スクルージは自分の死後，所持品が泥棒によって質に入れられる場面を見せられます。また，友人だと思っていた人たちが，彼の葬式に参列するかどうかを渋々決めている様子も見せられます。想像してみてください。スクルージにとって何とショッキングなことか。最後に，この亡霊はスクルージを彼の墓に連れて行き，彼はそこで自分が死ぬ運命にあることを知り，人として変わる必要性を初めて味わうことになるのです。そして永遠に続く問いを発します。これだけが私の未来の可能性なのか？　あるいは変われる時間はあるのか？　つまり，私はまだこの状況から，あー，抜け出せるのか？という意味です。そして彼は変わるのです。さて，このスクルージの物語が伝えようとしているメッセージは何だと思いますか。

学生B：ええと，宗教に関係したクリスマスの物語です。

教授：うーん，確かにクリスマスの時期に設定されてはいますが，伝えようとしているメッセージは「同胞を愛しなさい」ということのようです。それはクリスマスに特有のものではありません。彼は，えー，キリスト教の信条の核心の1つを我々に伝えており，クリスマスが意味するものよりもっと大きいものであると私は信じています。

1 正解 （B）

訳 この講義は主に何についてか。

Ⓐ クリスマスが，スクルージにどのような影響を及ぼすか

Ⓑ この人気のある物語の主役がどのように変化するか

Ⓒ スクルージの薄幸な子供時代

Ⓓ 作家がこの小説のために行った登場人物の選択

解説 下線部 **1-1** で教授はまず，人が変わるきっかけを学生に考えさせ，下線部 **1-2** でスクルージの例を挙げ，下線部 **1-3** 以降，スクルージの心境の変化を中心に講義を展開している。クリスマスではなく亡霊による変化なので Ⓐ ではない。Ⓒ はスクルージに関する説明の一部，Ⓓ は言及がない。よって，正解は Ⓑ 。

2 正解 （B）

訳 この講義の初めに，人はどうすれば突如として守銭奴から気前のいい人物に変わりうるのかと教授は質問したが，次の答えのうち学生が出していないものはどれか。

Ⓐ 車の衝突事故などの臨死体験をすること

Ⓑ 海の真ん中で沈没しそうなボートに乗っていること

Ⓒ 重病を患うこと

Ⓓ 水も食料もなく，ただ死ぬのを待つこと

解説 Ⓐ は下線部 **2-A**，Ⓒ は下線部 **2-C**，Ⓓ は下線部 **2-D** を参照。下線部 **2-D** では「海の真ん中で食料も水もなくボートに取り残される」と言っており，「沈没しそうなボート」とは言っていないので，Ⓑ が正解。

3 正解 （A）

訳 スクルージが冷酷になった理由は，次のうちどれか。

Ⓐ 両親は彼に愛情をほとんど示さなかった。

Ⓑ 両親は社交術に欠けていた。

Ⓒ 両親は仕事熱心すぎた。

Ⓓ 彼の周囲にはいつも貧乏な人たちがいた。

解説 下線部 **3** に「両親の愛情の欠如が彼を冷酷な人間に変え，世間に対して無感情になるよう教えた」とある。Ⓐ が正解。

4 正解　Yes Ⓑ　　No Ⓐ Ⓒ

> 訳　講義の中で教授は，亡霊たちがどのように彼らの持つ情報をスクルージに伝えたかを述べている。亡霊たちに関する次の文が正しいかどうか示しなさい。
>
> それぞれの文について，正しいボックスをクリックしなさい。
>
> Ⓐ 過去のクリスマスの亡霊は怠惰で貧乏な人たちを見せる。
> Ⓑ 現在のクリスマスの亡霊はスクルージを従業員の自宅へと連れて行く。
> Ⓒ 未来のクリスマスの亡霊は，運命は変えられないとスクルージに言う。

> 解説　Yes の Ⓑ については，下線部**4**を参照。過去の亡霊が見せたのはスクルージの子供時代であり，未来の亡霊は運命が変わる可能性を示唆しているので Ⓐ と Ⓒ は No。

講義の一部をもう一度聞き，質問に答えなさい。（スクリプト1つ目の太字部分参照）

5 正解　Ⓑ

> 訳　教授はこのように言ったとき，何を意味しているか。
> Ⓐ 教授は学生たちが答えにヤマを張るようにさせたい。
> Ⓑ 欲深い人たちはそんなに珍しくない。
> Ⓒ チャールズ・ディケンズはとても有名な作家である。
> Ⓓ ほとんどの人がディケンズの登場人物に共感できない。

> 解説　教授は学生に身近な例を考えさせることで，スクルージのように欲深い人が世の中には珍しくないことを，分かりやすく示そうとしている。Ⓐ，Ⓒ，Ⓓ は言及されていない。正解は Ⓑ 。

講義の一部をもう一度聞き，質問に答えなさい。（スクリプト2つ目の太字部分参照）

6 正解　Ⓒ

> 訳　教授について何が推測できるか。
> Ⓐ 学生の答えに完全に同意している。
> Ⓑ 宗教は設定と同じくらい重要だと感じている。
> Ⓒ 学生が考えを適切に結びつけられていないと思っている。
> Ⓓ 学生が宗教的な考え方を身に付けることに関心があると思っている。

> 解説　2つ目の太字部分で，「同胞を愛しなさい」という考えはクリスマスに特有のものではないと言っており，その後の文でクリスマスの意味するもの以上だと続けているので，教授は学生がこの点を適切に理解できていないと考えている。

Biology

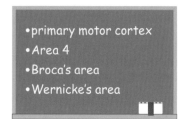

- primary motor cortex
- Area 4
- Broca's area
- Wernicke's area

Now get ready to answer the questions.
You may use your notes to help you answer.

1 What is the lecture mainly about?
- Ⓐ Biochemical differences between humans and other primates
- Ⓑ Differences between the brains of humans and other primates
- Ⓒ The reasons why other primates can't speak
- Ⓓ An explanation of how primates evolved into humans

2 Which of these differences or similarities between humans and other primates are NOT explained?
- Ⓐ Body shape
- Ⓑ Brain evolution
- Ⓒ Brain size
- Ⓓ Body weight

3 In the lecture, the professor describes the features of the "primary motor cortex" and "Area 4" by comparing them with each other. Indicate whether the following is related to Area 4.

Click the correct box for each phrase.

	Yes	No
Ⓐ Assisting in opening shells		
Ⓑ Being smaller in size than the primary motor cortex		
Ⓒ Being devoted more to legs than thumbs		

4 Which of the following statements about why other primates can't speak is correct?

    (A) There is only a small link between other primates' breathing and speech areas of the brain.

    (B) Wernicke's area in other primates is not fully developed.

    (C) Other primates' lack of arcuate fasciculus means they can't coordinate breathing with speech.

    (D) Broca's area in humans is twice the size of the other primates' version.

Listen again to part of the lecture.
Then answer the question.

5 Why does the professor say this: 🎧

    (A) Students should realize why greater hand control became necessary.

    (B) Students should understand that humans changed their diet.

    (C) Students should think about how difficult it is to remove a shell from a shellfish.

    (D) Students should marvel at the human desire to survive.

Listen again to part of the lecture.
Then answer the question.

6 What does the professor imply by saying this: 🎧

    (A) Monkeys living in trees can't swim because they have no real desire to swim.

    (B) The breathing system in monkeys prevents them from voluntarily holding their breath.

    (C) The breathing muscles in monkeys don't allow them to hold their breath for long.

    (D) When monkeys dive in water, they lose control of their bodies.

ポイント

- 冒頭で，チンパンジーは DNA では人間に近いが，脳ではゴリラの方に近いと言っています。人と霊長類の違いを整理しながら聞きましょう。
- 具体的な差異として，まず手の器用さが取り上げられます。どのようにしてその違いが表れたか，それに伴う特徴は何かなど，流れに沿って理解しましょう。
- 次に声を出す能力や，言語・思考の能力を脳の機能から説明しています。聞き慣れない語が出てきますが，焦らず聞こえた通りのスペルで書いてみて，その特徴を聞き逃さないようにしましょう。

スクリプト

グレーで示してある箇所（humans and chimps are more similar など）はこの講義のコアの部分です。これをきちんと追いながら聞くことができていれば，問題を解くために必要な講義の内容が理解できていることになります。大事な部分やノート・テイキングのヒントとなる事柄をふきだしで説明していますので，参考にしてください。

Listen to part of a lecture in a biology class.

It's often said that chimpanzees are the closest animal to man. What do people mean when they say this, though? Well, humans and chimps are more similar in terms of...of biochemical[A] set-up, by that I mean DNA, and also their evolutionary links than, in fact, chimpanzees are to gorillas. In fact, if you compare human brains with those of the other members of the primate family, including the great apes, a category which includes chimps, gorillas, orangutans and yes, also humans, you'll see some fascinating differences and commonalities as well.

So, even though chimps and humans are said to be the most closely linked, genetically, chimp and human brains differ in size and anatomy more than, ah, chimps and gorillas. Of course, great apes, like chimps and gorillas, would seem to resemble one another; of the great apes, only humans went through the particular evolutionary states that the human brain did. **2-B** We can say that after humans broke away from the rest of the great apes evolutionarily, human brains really changed a lot. This is observable in the fact that **2-D** although chimps and humans can be similar in...in body weight, **2-C** specific brain parts, like the, ah, neocortex[B] of the brain, are much bigger in humans. **1** It's these brain differences that I want to deal with today. Well, for starters, the center of the brain

176

controlling dexterity or hand control, airway control, um, vocalization, the ability to make sounds and language and thought, are bigger in humans than in their chimpanzee cousins. On the other hand, the center of the brain that takes care of sense of...of smell and foot control is bigger in chimps than humans...with me so far?

As you know, the left half of the brain controls movement of the right side of the body and vice versa. **ⓒ** And the place that sends out these control messages **3** is called the, um, primary motor cortex **ⓓ** in humans and Area 4 in other great apes. **3-B** The human

> いろいろな専門用語が出てくるので，その
> 特徴などに注意して聞き取りましょう。

motor cortex is about, well, twice the size of Area 4. **3-C-1** And in Area 4, a smaller percentage of the total size is devoted to hands, thumbs, and fingers, so chimps are less dexterous **ⓔ** than humans. **5** Human hands are much more mobile than other great apes' — just think of all the wonderful things we can do with our hands that apes can't. **Our human ancestors first started developing better hand use as they started looking for marine food sources after coming out of the, ah, trees. Think about that for a moment. 3-A They trained themselves to not only catch things like shellfish, but then had to...to remove the shells to eat them.** **3-C-2** In the human motor cortex, a smaller percentage is allocated to leg, foot, and toe action, making humans less agile **ⓕ** in trees and less proficient at climbing than other primates and, well, this lack of need comes from the fact that humans decided to stop living in trees and began things like farming to keep alive, and so on. Don't you think that sounds reasonable?

So on to the breathing and speaking. In the central motor cortex of humans, there is an area called Broca's area, ⓖ and this controls the part of the body responsible for...for motor, speech, and breathing muscles. In humans, as in mammals that can dive, there is an innate ability to hold one's breath underwater, but in other great apes, this ability is more, uh, involuntary than voluntary. ⓗ In other words, even if monkeys wanted to swim underwater, their bodies wouldn't let them. Anyway, near this Broca's area is another place called Wernicke's area **ⓘ** — named after Carl Wernicke, the German scientist who first found it...and it deals with the spoken words that come out of our mouth. Now, Wernicke's area, as you might imagine, is unique to the human brain.

Between these two brain areas — Wernicke's area and Broca's area — is a connection called the, um, arcuate fasciculus, which is a neural **ⓙ** or information routeway. Here's the important part — there is a direct link between controlling breathing and being able to speak. ◢ Well, other great apes don't have this arcuate fasciculus, and they can't coordinate, ah, the sensory areas in the mouth and throat and breathing, so that's why chimps can't, you know, talk like we all can...do you see?

音声聞き取りのポイント

Ⓐ biochemical：生化学的な

Ⓑ neocortex：新皮質

Ⓒ vice versa：逆もまた同じ

Ⓓ primary motor cortex：一次運動野

Ⓔ dexterous：手先の器用な

Ⓕ agile：敏しょうな　＊語頭に強勢がくる。

Ⓖ Broca's area：ブローカ野

Ⓗ voluntary：随意の，任意の　＊involuntary は「不随意の，無意識の」という意味。

Ⓘ Wernicke's area：ウェルニッケ野

Ⓙ neural：神経の，神経中枢の

スクリプトの訳

生物学の講義の一部を聞きなさい。

　チンパンジーは人間に最も近い動物だとよく言われます。しかし，これはどういう意味なのでしょうか。えー，人間とチンパンジーは，えー，生化学的な成り立ち，つまり DNA の点でも，また両者の進化の関係でも，実のところチンパンジーとゴリラより，よく似ています。事実，もし人間の脳を，大型類人猿—この範疇にはチンパンジー，ゴリラ，オランウータン，そしてもちろん人も—も含めた他の霊長類の脳と比較すると，非常に興味深い差異と共通点が分かります。

　ですから，チンパンジーと人間は遺伝子的には最も近いと言われていますが，チンパンジーと人間の脳は，大きさや解剖学的構造において，えー，チンパンジーとゴリラよりも，異なっています。もちろん，チンパンジーやゴリラのような大型類人猿同士は似ているように見えるのでしょう，というのは，大型類人猿の中で人間の脳が経てきた特別な進化の段階を経験したのは人間だけなのですから。人類が他の大型類人猿から分かれて進化した後で人間の脳はかなり大きく変化したと言えるでしょう。これは，チンパンジーと人間が，えー，体重では似ていても，脳の，あー，新皮質のような特定の脳の部位では人間の方が格段に大きいという事実から観察できます。今日私が取り上げたい内容は，こういった脳の差異です。さて，まず初めに器用さや手の動き，気道のコントロール，あー，発声，つまり音や言語や思考を発する能力をつかさどる脳の中枢は，親戚であるチンパンジーと比べ，人間の方がより大きくなっています。その一方で，えー，嗅覚や足の動きをつかさどる脳の中枢は，人間よりチンパンジーの方が大きくなっています。ここまではいいですか。

　知っての通り，脳の左半分は体の右側の動きを，右半分は体の左側の動きを，それぞれつかさどっています。そして，それらのメッセージを送り出している部分を，えー，人間では一次運動野と呼び，

他の大型類人猿では第4野と呼んでいます。人間の一次運動野は，えー，第4野の約2倍の大きさを持っています。また，第4野では，全体のうちより小さな割合が，手，親指，その他の指に割り当てられています。このため，チンパンジーは器用さの点で人間に劣ります。人間の手は他の大型類人猿の手よりはるかによく動きます。私たちが手を使って行えて，類人猿は行えない数々の素晴らしいことを思い浮かべてみてください。人間の祖先は，えー，木から下りて，海で食物を探し始めたときに初めて手を扱う能力が発達し始めました。ちょっと考えてみてください。人間は貝などを採るためだけでなく，採った貝を食べるために貝殻を取り除かなくてはならず，自らを訓練をしたのです。人間の運動野では，より小さな割合が脚，足，足指の動作に割り当てられていることから，人間は他の霊長類に比べて木々の上ではあまり敏しょうでなく，木登りもあまりうまくありません。えー，こういった必要性の欠如は，人間が木々の上で過ごすのをやめ，生きるために農業などを始めたことなどが原因です。理にかなっていると思いませんか。

　次は呼吸と発話についてです。人間の中央運動野には，ブローカ野という部分があります。これは，えー，運動，発話，呼吸で使う筋肉に関わる体の部分をつかさどります。潜水ができる哺乳動物と同様，人間にも，水中で息を止める生まれつきの能力がありますが，他の大型類人猿では，この呼吸能力はどちらかというと不随意のものです。別の言い方をすると，いかに猿が水中で泳ぎたくても，体がそうさせないのです。それはそれとして，このブローカ野の近くにはもう1つ，ウェルニッケ野というのがあります。ドイツの科学者であるカール・ウェルニッケという人が最初に発見したことから，その名前が付けられています。この部分は口から発せられる話し言葉に関係しています。さて，ウェルニッケ野は想像の通り，人間の脳に特有のものです。

　ウェルニッケ野とブローカ野というこれら2つの脳の領域の間には，えー，弓状束という連結部が存在します。この連結部は神経回路ないし情報回路を成しています。重要なのは，呼吸の調整と発話能力には直接的なつながりがあるということです。えー，他の大型類人猿には，この弓状束がありません。そのため，口とのどにある，えー，感覚野と呼吸を統合的に調整することができません。だから，チンパンジーは，えーと，私たちのように話すことができないのです。分かりましたか。

1 正解 Ⓑ

訳 この講義は主に何についてか。

Ⓐ 人間と他の霊長類との間の生化学的差異

Ⓑ 人間の脳と他の霊長類の脳における差異

Ⓒ 他の霊長類が話せない理由

Ⓓ どのようにして (人間以前の) 霊長類が人間に進化したかの説明

> **解説** 講義は「人間とチンパンジーは DNA の点で似ている」と始まるが, 次に「脳の大きさや構造については異なる」という話になり, 下線部**1**で「今日私が取り上げたい内容は, こういった脳の差異だ」と述べている。よって, 正解は Ⓑ 。Ⓐ, Ⓓ は言及されていない。Ⓒ は脳の一部に関するものである。

2 正解 Ⓐ

訳 人間と他の霊長類の差異や類似点のうち, 述べられていないものは次のどれか。

Ⓐ 体の形

Ⓑ 脳の進化

Ⓒ 脳の大きさ

Ⓓ 体重

> **解説** Ⓑ, Ⓒ, Ⓓ に関しては, それぞれ下線部**2-B**～**2-D**で述べられている。講義で触れられていないのは, Ⓐ のみである。

3 正解 Yes Ⓑ Ⓒ No Ⓐ

訳 講義では, 教授は「一次運動野」と「第4野」の特徴を比較しながら説明している。以下のものが第4野に関係するか示しなさい。

> それぞれの語句について, 正しいボックスをクリックしなさい。

Ⓐ 貝殻を開けるのに役立つ

Ⓑ 一次運動野よりも小さい

Ⓒ 親指よりも脚に関係している

> **解説** 下線部**3**で「人間では一次運動野と呼び, 他の大型類人猿では第4野と呼ぶ」と説明されている。下線部**3-A**に「人間は貝などを採るためだけでなく, 採った貝を食べるために貝殻を取り除かなくてはならず, 自らを訓練をした」とあるので, Ⓐ は一次運動野についてだと分かり, No。下線部**3-B**より, Ⓑ は Yes。下線部**3-C-1**より親指は第4野よりも一次運動野に, 下線部**3-C-2**より脚は一次運動野よりも第4野に関係していることが分かるので, Ⓒ も Yes。

4　正解　Ⓒ

訳　他の霊長類が話せない理由について，次の文のうち正しいのはどれか。

Ⓐ　他の霊長類の呼吸に関わる脳の部分と発話に関わる脳の部分の間には，小さな連結部しかない。

Ⓑ　他の霊長類のウェルニッケ野は十分に発達していない。

Ⓒ　他の霊長類に弓状束がないということは，呼吸と発話を統合的に調整できないということである。

Ⓓ　人間のブローカ野は他の霊長類のものの2倍の大きさである。

解説　下線部 **4** で，「大型類人猿には弓状束がなく，感覚野と呼吸を統合的に調整することができないため，私たちのように話すことができない」と言っている。正解は Ⓒ 。

講義の一部をもう一度聞き，質問に答えなさい。（スクリプト1つ目の太字部分参照）

5　正解　Ⓐ

訳　教授はなぜこのように言っているのか。（スクリプト破線部参照）

Ⓐ　学生はなぜ手をもっと器用に操ることが必要になったかを認識すべきである。

Ⓑ　学生は人間が食習慣を変えたことを理解すべきである。

Ⓒ　学生は貝から貝殻を取り除くことがいかに難しいか，考えるべきである。

Ⓓ　学生は人間の生存欲に驚嘆すべきである。

解説　下線部 **5** で「人間の手は他の大型類人猿の手よりはるかによく動く」と述べた後，人間は採取した貝を食べるには貝殻を取り除かなくてはならなかったこと，そのためには手が器用でなければならなかったことを説明し，人間が手を器用に使えるようになった理由を学生に認識させようとしている。正解は Ⓐ 。

講義の一部をもう一度聞き，質問に答えなさい。（スクリプト2つ目の太字部分参照）

6　正解　Ⓑ

訳　教授はこのように言うことで何を暗に伝えようとしているか。（スクリプト破線部参照）

Ⓐ　木々の上に住んでいる猿は泳ぎたいという欲望がないため泳げない。

Ⓑ　猿の呼吸方式では随意に呼吸を止めることができない。

Ⓒ　猿の呼吸筋では長い間呼吸を止めることはできない。

Ⓓ　猿は水中に潜ると，体の自由がきかなくなる。

解説　教授は太字部分のキバで猿は呼吸能力が不随意であると言った上で，破線部の発言をしている。正解は Ⓑ 。

◀ track 133-139

History

Now get ready to answer the questions.
You may use your notes to help you answer.

1 Which of the following statements about the Romans is NOT true?
- Ⓐ They built a wall to keep out the Germanic invaders.
- Ⓑ They settled in Britain for 3 centuries.
- Ⓒ They built many structures that you can still see.
- Ⓓ They forced the Celts to move to less inhabited places in Britain.

2 According to the professor, what was one way the Germanic peoples made England one of Europe's most civilized nations?
- Ⓐ They destroyed the old languages of England.
- Ⓑ They developed farming in Britain.
- Ⓒ They began to trade with the Vikings.
- Ⓓ They worked hard day and night.

3 How did the Normans affect England?

Click on 2 answers.

- Ⓐ They taught their language to the common people.
- Ⓑ English people became second-class citizens.
- Ⓒ The Germanic language was used for legal and government purposes.
- Ⓓ They introduced words that have remained in English.

4 Put the following foreign settlers into the UK in the correct order from first to last.

> Click on a word or phrase. Then drag it to the appropriate space where it belongs. Use each word or phrase one time only.

Ⓐ Romans
Ⓑ Celts
Ⓒ Vikings
Ⓓ Germanic peoples
Ⓔ Normans

1 [   ]
2 [   ]
3 [   ]
4 [   ]
5 [   ]

Listen again to part of the lecture.
Then answer the question.

5 Why does the professor say this: 🎧
　Ⓐ To make the students think about the problems of wars
　Ⓑ To illustrate how settlers originated in Britain
　Ⓒ To explain how Britain developed as a colonial power
　Ⓓ To introduce the fact that immigration is not new to Britain

Listen again to part of the lecture.
Then answer the question.

6 Why does the professor make this statement?
　Ⓐ To explain the physical origins of the Vikings
　Ⓑ To give the students a sense of what kinds of people the Vikings were
　Ⓒ To compare the size of the two armies
　Ⓓ To inform us that both the Vikings and pirates used similar weapons

ポイント

● 歴史学の講義では，出来事の年代順を聞き逃さないようにします。また，出てきた数字は必ずメモしておきましょう。

● 移住と侵略が社会構成を変えると説明した後，「移民の歴史は何百年もさかのぼり，社会や階級に影響を与えた」と本題に入っています。この話題の転換をきちんと把握しましょう。

スクリプト

グレーで示してある箇所 (migration into Britain など) はこの講義のコアの部分です。これをきちんと追いながら聞くことができていれば，問題を解くために必要な講義の内容が理解できていることになります。大事な部分やノート・テイキングのヒントとなる事柄をふきだしで説明していますので，参考にしてください。

Listen to part of a lecture in a history class.

So, we've talked about how migration and invasion can change the social makeup of a country, but let's talk about an actual example in Britain. Well, um...**when you think about migration into Britain, you might think about newer immigrants who moved from former colonies, especially during the 50s and 60s. However, the history of migration on the island goes back centuries and each wave has upended the social and class structure of society there.**

4-B So, who were the original Brits? Well, we will...ah...start right back with the Celts❹ who inhabited most of the UK and were, in fact, from mainland Europe.

> 最初の民族，the Celts が出てきます。以降，順番と年代に気を付けて聞き取りましょう。

Now, these Celts were farmers, but also, um, warriors, and this group was put to the test when the **4-A** Romans decided to add the UK to the Roman Empire in AD 43. Like many of the inhabitants of Europe at the time, the Celts were doomed, as **1-D** the Romans immediately pushed them to more remote areas of the British Isles, such as southwest England, and northern parts of Scotland and modern-day Northern Ireland. You may be interested to know that today, despite being scattered by the Romans, Celtic culture survives to this day in many forms, from names to traditional artistic motifs. Anyway, the Celts were no match for the well-ordered Roman military.

As was typical in other parts of their Empire, the Romans set about building essential infrastructure, like buildings, roads, and towns. **1-C** The architecture must have been, um, built pretty solidly because we can still see many remains today, **1-A** including the famous Hadrian's Wall — built from coast to coast in the northern part of England to keep out the marauding Celts. Later on, Christianity was first brought into Britain from other parts of the Roman Empire. You see, **1-B** the Romans stuck around for about 300 years until their empire collapsed and they abandoned it.

4-D So, who were the next power brokers❸? They were Germanic invaders from modern Denmark and Germany called the Jutes, Angles, and, um, Saxons, who settled from around the 6th to 8th centuries. It is the last two groups that give us the word Anglo-Saxon, which is the ethnic group most popularly associated with England. **2** During this time, England enjoyed its status as one of Europe's most civilized nations — with increased systems in...in trade, developing along with agriculture. In fact many common words we use in England, such as house, day, and night, are of Germanic origin.

4-C **Then, came the, ah, infamous Vikings in the 10th century — who acted much like the pirates that roamed the seas a few hundred years later.** They plundered❸ and murdered their way from Northern Scandinavia to the British shores, but ceased shortly after. And one of the reasons they stopped is because some of them seemed to like the land enough to create a major settlement in the town of York in northern England.

4-E All of that is prelude to the most recent time England was successfully invaded. The Normans, a subset of the French people named after their homeland of Normandy, ruled over England for 300 years after they invaded in 1066. During this stretch, **3-B** native English people made up the lower classes, while the aristocracy were all French. These Normans left a huge imprint on the culture of Britain, especially in language. **3-D** English has far more words that derive from French and Latin than other Germanic languages.

So if you've thought until now that Great Britain was a land that had a consistent culture and class structure for its whole history, hopefully this lecture let you know how many sources came together to make the Britain we know today. Immigration today is just another form of the changes that make cultures evolve over time.

音声聞き取りのポイント

Ⓐ the Celts：ケルト族　＊聞き取りに注意。/l/ が小さい /ゥ/ に聞こえる。
Ⓑ power broker：政治的な力を持つ人，大物調停役
Ⓒ plunder：～を略奪する

スクリプトの訳

歴史学の講義の一部を聞きなさい。

　さて，これまで移住と侵略が国の社会構成をいかに変化させうるかについて話してきましたが，英国における実際の例について話しましょう。えー，英国への移民について考えるとき，特に1950年代，60年代の旧植民地からやって来た新しい移民を思い浮かべるかもしれません。しかし，この島への移住の歴史は何百年もさかのぼり，その (移民の) 波はそのつどそこの社会構造や階級構造に強烈な影響を及ぼしてきました。

　それでは，英国における先住民とは誰だったのでしょうか。えー，では，ケルト族の時代に戻って見てみましょう。ケルト族は英国のほとんどの地域に住んでいましたが，実はヨーロッパ本土からやって来ました。

　さて，このケルト族たちは農民であり，また，えー，戦士でもありました。この集団はローマ人が西暦43年に英国をローマ帝国に併合しようとしたときに試練を味わいました。当時ヨーロッパに住んでいた多くの人たちと同じように，ケルト族は絶望的な運命にありました。というのも，(併合開始から) 間もなく，ローマ人は彼らをイギリス諸島のより遠隔の地である英国南西部，スコットランド北部，現在の北アイルランドなどに追いやったからです。興味がある人もいるかもしれませんが，ローマ人に追い散らされたにもかかわらず，今日，名前から伝統的な芸術上のモチーフに至るまでケルトの文化はいろいろな形で現代まで生き延びています。とにかく，ケルト族は統制のとれたローマ軍にとって敵ではなかったのです。

　帝国の他の地域でもそうでしたが，ローマ人は建物や道路，都市といった，生活に必要不可欠なインフラの建設に着手しました。建築物は，えー，かなり強固に作られたのでしょう。現在でも数多くの遺跡を見ることができますから。例えば，有名なハドリアヌスの城壁がそうです。これはケルト族略奪者の侵入を防ぐため，英国北部の海岸から海岸に建設されたものです。その後，キリスト教がローマ帝国の他の地域から初めて英国に持ち込まれました。ローマ人は知っての通り，帝国が滅亡し英国を捨て去るまで約300年にわたって英国に滞留しました。

　では，次に政治的な影響力を持ったのは誰だったのでしょうか。それは，現在のデンマークとドイツから侵入してきた，ジュート族，アングル族，それに，えー，サクソン族という，ゲルマン民族の侵略者でした。この侵略者たちは6世紀から8世紀にかけて定住していました。アングロサクソンという呼び名は後ろの2つの部族に由来しており，この部族は最も一般的に英国と関連がある民族です。この時代，農業とともに発展してきた，えー，交易制度が拡大し，英国はヨーロッパで最も文明の発達した国の1つとして繁栄しました。実際，house，day，nightなどの英国で使用されている多くの一般的な語は，ゲルマン民族発祥です。

　次にやって来たのが，えー，10世紀の悪名高いヴァイキングでした。彼らの行為は数百年後に海をうろつき回った海賊とよく似ていました。ヴァイキングはスカンジナビア北方から英国へ侵攻する際，略奪と殺人を働きましたが，やがてそれも収まりました。彼らがやめた理由の1つは，一部の者たちが土地を気に入り，英国北部にあるヨークの町に主たる居留地を設けたからのようです。

これまでのことは最も近代，英国への侵略が成功したときの序章にすぎません。フランス人の一小派で，彼らの祖国ノルマンディーからそう呼ばれるノルマン人は，1066年に侵略後，英国を300年にわたり支配しました。その期間，貴族階級はすべてフランス人である一方で，英国の先住民は下層階級を構成していました。これらのノルマン人は英国の文化に，特に言語において大きな刻印を残しました。英語は他のゲルマン語よりはるかに多くの語をフランス語とラテン語を起源としています。

　ですから，これまで英国はその全歴史を通じて終始変わらぬ文化や階級構造を持っている国だと思っていたとしたら，いかに多くの根源が集まって，現在の私たちが知っている英国を作り上げたかをこの講義で理解できたことを願います。今日の移民は時代を通して文化を進化させる変化の1つの形にすぎないのです。

1 正解 Ⓐ

訳 ローマ人についての次の記述のうち，正しくないのはどれか。

Ⓐ ゲルマン民族の侵入を防ぐため防壁を建設した。

Ⓑ 3世紀にわたって英国に定住した。

Ⓒ まだ目にすることのできる多くの建造物を作った。

Ⓓ 英国で人があまり住んでいない土地にケルト族を力ずくで移住させた。

解説 下線部 **1-A** に，ハドリアヌスの城壁を建設した理由は「ケルト族略奪者の侵入を防ぐため」とある。したがって Ⓐ は「ゲルマン民族」という記述が正しくない。Ⓑ は下線部 **1-B**，Ⓒ は下線部 **1-C**，Ⓓ は下線部 **1-D** より正しいと分かる。

2 正解 Ⓑ

訳 教授によると，ゲルマン民族はどのようにして英国をヨーロッパで最も文明の発達した国の1つにしたか。

Ⓐ 英国の古い言語を廃止した。

Ⓑ 英国で農業を発展させた。

Ⓒ ヴァイキングと交易を始めた。

Ⓓ 昼夜懸命に働いた。

解説 下線部 **2** から，英国の発展は交易制度の拡大と農業の発展によってもたらされたことが分かる。したがって Ⓑ が正解。Ⓐ は，多くの一般的な語がゲルマン民族発祥だとは言っているが，発達の要因とは言っていない。ヴァイキングはゲルマン民族の後に来たので，Ⓒ は不適切。Ⓓ については特に触れられていない。

3 正解 Ⓑ Ⓓ

訳 ノルマン人は英国にどのような影響を及ぼしたか。

> 答えを2つクリックしなさい。

Ⓐ 彼らは自分たちの言語を一般人に伝授した。
Ⓑ 英国人は二流国民とされた。
Ⓒ 法律と政治に関してはゲルマン語が使用された。
Ⓓ 英語にいまだ残っている語を持ち込んだ。

解説 下線部 **3-B** 「英国の先住民は下層階級を構成していた」から Ⓑ は正解。また
ノルマン人は特に言語において大きな刻印を残し，下線部 **3-D** で「英語は他のゲルマン語よ
りはるかに多くの語をフランス語とラテン語を起源としている」と言っている。よって Ⓓ も正
解。Ⓐ の「自分たち（ノルマン人）の言語」であるフランス語を一般人に伝授したという話は
ないので不適切。Ⓒ はゲルマン語の法律や政治での使用に関する話はないので不適切。

4 正解 Ⓑ → Ⓐ → Ⓓ → Ⓒ → Ⓔ

訳 次の外国から英国への移住者を，入ってきた順に正しく並べなさい。

> 語または語句をクリックし，それが属する適切な場所へドラッグしなさい。
> どの語または語句も一度しか使えません。

Ⓐ ローマ人
Ⓑ ケルト人
Ⓒ ヴァイキング
Ⓓ ゲルマン民族
Ⓔ ノルマン人

解説 下線部 **4-B** より最初にケルト人が住み，下線部 **4-A** でローマ人が侵略し，続いて
下線部 **4-D** でゲルマン民族，下線部 **4-C** でヴァイキング，下線部 **4-E** でノルマン人という流
れになっている。

講義の一部をもう一度聞き，質問に答えなさい。（スクリプト1つ目の太字部分参照）

5 正解 Ⓓ

> **訳** 教授はなぜこのように言っているのか。（スクリプト破線部参照）
> Ⓐ 戦争の問題について学生に考えさせるため
> Ⓑ 入植者がどのようにして英国で生まれたかを説明するため
> Ⓒ 英国がどのように植民地保有国として発展したかを説明するため
> Ⓓ 英国にとって移民は新しいものではないという事実を紹介するため

解説 教授は，「移民について考えるとき，1950年代，60年代の新しい移民を思い浮かべるかもしれない」と学生に言った後でこの発言をしている。移民の歴史は古い時代からあり，そのつど英国に多大な影響を与えてきたことをこの講義でこれから説明して，決して新しいものではないことを伝えるためと考えられる。よって Ⓓ が正解。

講義の一部をもう一度聞き，質問に答えなさい。（スクリプト2つ目の太字部分参照）

6 正解 Ⓑ

> **訳** 教授はなぜこのような発言をしたか。
> Ⓐ ヴァイキングの物理的起源を説明するため
> Ⓑ ヴァイキングがどのような人種であったかの認識を学生に伝えるため
> Ⓒ 2つの軍隊の規模を比較するため
> Ⓓ ヴァイキングも海賊もよく似た武器を使用したことを教えるため

解説 悪名高いヴァイキングがどのような人たちであったのかを学生が具体的にイメージできるように海賊に言及し，太字部分の続きでヴァイキングが略奪と殺人を働いたことに触れている。よって，Ⓑ が正解。ヴァイキングはスカンジナビア北方から来た，と説明されているが，これは彼らの行為の一部を説明しているにすぎない。したがって，Ⓐ は不可。Ⓒ，Ⓓ は言及されていない。

🔊 track 140-146

Physics

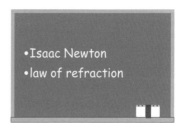

•Isaac Newton
•law of refraction

Now get ready to answer the questions.
You may use your notes to help you answer.

1 What does the professor mainly discuss?
- Ⓐ The categories of electromagnetic radiation
- Ⓑ Examples of devices that measure visible and invisible light
- Ⓒ How scientists discovered the true nature of rainbows
- Ⓓ The behavior and properties of light in science

2 What does the professor say Newton helped science realize about light?
- Ⓐ Colored light is found inside natural, white light.
- Ⓑ Light can be separated based on the height of its wavelengths.
- Ⓒ Light particles contain a tiny amount of mass that is hard to perceive.
- Ⓓ Light energy is the same as electrical energy.

3 What does the professor state is a property of prisms?
- Ⓐ Light reflects when it hits a prism.
- Ⓑ A prism removes the colors from rainbow light.
- Ⓒ A prism's polished facets can bend light.
- Ⓓ A prism disperses less light than a mirror.

4 Why does the professor mention the colors of the rainbow?
- Ⓐ To demonstrate the processes of reflection and refraction
- Ⓑ To compare Newton's prisms to raindrops
- Ⓒ To illustrate how wavelengths affect the brightness of light
- Ⓓ To explain what happens to light when it is bent

5 What can be inferred about spectrographs?

A. They are mainly used to detect unwanted molecules.

B. They are most useful when analyzing pure white light.

C. They can be used to add color to molecules.

D. They have led to some unique scientific findings.

Listen again to part of the lecture.
Then answer the question.

6 Why does the professor says this: 🎧

A. He expects all of his students to use the instrument.

B. He wants students not to be disappointed when they actually use the equipment.

C. He is excited to share a new approach.

D. He is concerned about the dangers of the instrument.

ポイント

- 講義の冒頭で visible light（可視光線）が出てくるので，まずこの語を聞き取りましょう。
- 次に虹の話に触れるので，なぜ虹と可視光線が関係があるのかを推測します。
- ニュートンの実験で，白色光がすべての色を含んでいると分かったことや，白色光がプリズムを通るとどのように変化するかについての説明があるので，しっかり聞き取りましょう。
- また，講義の最後で教授は，光の原理を利用した分光器で空気や水の質の検査をしたり，天文学的な科学的発見がされたことを例として示しています。これらに関する語はノートを取りましょう。

スクリプト

グレーで示してある場所（visible light など）はこの講義のコアの部分です。これをきちんと追いながら聞くことができていれば，問題を解くために必要な講義の内容が理解できていることになります。

Listen to part of a lecture in a physics class.

Okay, **1-1** to continue our lessons on visible light[Ⓐ] today we will first talk about rainbows. You might think of rainbows as the stuff of legends — a spiritual message, an unreachable treasure, or even a bridge to faraway lands. **1-2** But, it's nothing more than[Ⓑ] a common scientific phenomenon involving light and a main focal point for our talk.

So, how do we know that rainbows are a natural phenomenon? Well, **2** the English physicist, Isaac Newton, was responsible for modernizing our definition of light — that white light contained all the colors of the spectrum. He discovered this by applying the law of refraction in an experiment. You see, **3** refraction happens when light changes its direction, or bends when it hits an object like a prism or even a drop of rain. We know that Newton used a glass prism, with its multiple, polished surfaces, to disperse light. Now understand that if we were dealing with a smooth, shiny surface, like in a flat mirror, light would have reflected instead. So, Newton demonstrated that a ray of white light from the sun would pass through his prism and split into rainbow light. But did that prove his point? Actually, prisms had already been used in the past in similar experiments and it was concluded that prisms[Ⓒ] added color to white light. What Newton did differently was that he positioned three prisms and a lens in a second trial. Here's

192

what happened — as you know, the first prism split the beam of white light into a more spread out rainbow light. Then, through a lens, the light was reversed back into a thinner beam and passed through the second prism, which recombined it back to a white beam. Finally, the beam went through the third prism, and split, once more, into rainbow light. This means that in the natural world, light is constantly changing form but we just don't realize it in our daily lives.

As you probably know from experience, finding a rainbow is not exactly an everyday occurrence, but you might be able to see one when the clouds clear up on a rainy day, if you face the remaining raindrops with your back against the sun. But, **4** the raindrops refract❻ light and reflect it towards your eyes. Red light, having the longest wavelength, is slightly bent, so it moves towards the highest point in your field of vision, and violet light, having the shortest, is bent towards the lowest point. In between these extremes you have orange, yellow, blue, green, and indigo. In this way, the rainbow is created.

But you might ask, what about invisible light❻? Well, our eyes are unable to perceive parts of light that are above 700 nanometers❻ in wavelength, and below 400 nanometers. This is what we call infrared❻ and ultraviolet❻ light, respectively. Other animals are capable of seeing a much wider spectrum of light, such as butterflies. We have created devices that allow us to see a much wider spectrum of light, and when we use them, we see some incredible things. **If you have a chance, you may try out an instrument that enables us to see those parts of the light spectrum that are normally invisible to us, which can give us an idea of what flowers look like to those butterflies. Well, it's just like how doctors can take a look at your bones — so I have to acknowledge that all you can expect to see is, um, something like, a black and white photo with lines or dots on it. So I hope you understand this when you are using it.**

This brings me to my final point — how we use these concepts to understand the world around us. When measuring air and water quality, we use a tool called a spectrograph,❶ which recognizes changes in the color of the molecules❶ caused by dust and other pollutants which cause the light to refract. For example, **5** a spectrograph might detect sodium when it sees the color yellow. And in astronomy, half of the known exoplanets, which are planets that orbit another star elsewhere in the universe, were discovered using spectrographs just by looking at the angle to which light is refracted and the degree to which colors are absorbed — and indeed, this is sufficient data for calculating distance and determining a planet's physical makeup. So, class, if you're going to look into space, you don't always need to rely solely on fancy telescopes. And interestingly, pure white light will often give you the least information. The answers to many of our questions really do lie in the rainbows. But first, you just have to find one.

スクリプトの訳

物理学の講義の一部を聞きなさい。

では，可視光線の授業の続きで，今日は最初に虹について話しましょう。虹は，霊的なメッセージ，手の届かない財宝，あるいは，はるか彼方の土地へのかけ橋のような伝説的存在として考えられるかもしれません。しかし，虹は一般的に知られている光を伴う科学的現象にすぎません，そして講義の重要な焦点です。

では，私たちは虹が自然現象であるとどうして分かるのでしょうか。えー，イギリスの物理学者アイザック・ニュートンは光の定義を近代化しました。つまり，白色光はスペクトルのすべての色を含むということが分かったのです。彼は実験に屈折の法則を適用することで，このことを発見しました。ご存知の通り，屈折は光が方向を変えたときや，プリズムのような物，あるいは雨滴ですら，にあたり光が曲がるときに起きます。ニュートンが光を分散させるために複数の磨き上げられた表面を持つガラスのプリズムを使用したことは知られています。さて，もし平らな鏡のようななめらかでつやつやの表面であったなら，光は反射したであろうことを理解してください。それで，ニュートンは太陽からの白色光が彼のプリズムを通過し虹色の光に分散したことを立証しました。しかし，そのことは彼の主張を証明したでしょうか。実際，プリズムは過去の似通った実験ですでに使用されており，プリズムは白色光に色を加えると結論づけられていました。ニュートンが行ったことで異なるところは，2度目の実験で，3個のプリズムと1枚のレンズを配置したことです。さて，何が起こったでしょう。知っての通り，最初のプリズムは白色光を分裂させ，虹色の光へとより拡散させました。それから，光はレンズを通ってより細い光線に戻り，2番目のプリズムを通り抜けました。そのプリズムが光線を再結合して，白色光線に戻しました。最後に，光線は3番目のプリズムを通過して分裂し，再び虹色の光になりました。このことは，自然界において光は絶えず形を変化させているけれど，私たちが日常生活においてただ気が付いていないだけである，というこ

とを意味します。

　おそらく経験からご存知だと思いますが，虹は必ずしも毎日見つかるものではありません。でも，雨の日に雲が晴れたときに太陽を背にして残っている雨滴の方を向けば見ることができるかもしれません。しかし雨滴は光を屈折させあなたの目に向けて反射します。最も長い波長を持っている赤色の光は少し曲がっているので，あなたの視界の中では最も高い位置に来ます。そして最も短い波長を持っている紫色の光は，曲がって最も低い位置に来ます。この両極の間にあるのが，橙色，黄色，青色，緑色，藍色です。このようにして虹が作られるのです。

　あなた方は不可視光線はどうか，と疑問に思うかもしれません。えー，私たちの目は，波長が700ナノメートル(nm)を超えたり，400nm 未満の光の部分を認識することができません。これは，それぞれ赤外線と紫外線と呼ばれるものです。他の動物は，チョウのようにより広い光のスペクトルを見ることができます。私たちは，はるかに広いスペクトルの光を見ることができる装置を作り出しました。それらを使用すると，驚くべきものが見えます。機会があれば，通常は私たちの目には見えないそれらの光のスペクトルの部分を見ることができる装置を試してみてください。そうすれば，チョウにとって花がどのように見えるかを知ることができます。えー，それはちょうど医者があなたの骨を見るのと同じようなことです。したがって，言っておかなければなりませんが，あなたが見られると期待していいのは，うーん，何か線や点の写っている白黒写真のようなものだけです。ですから，それを使用するときはこのことを理解しておいてください。

　このことを踏まえて，最後の論点―私たちの周りの世界を理解するためにどのようにこれらの概念を利用するか―に移ります。私たちは空気や水の質を調べるとき，分光器という道具を使います。それは，光を屈折させる埃や他の汚染物質によって引き起こされる分子の変色を感知します。例えば，分光器で黄色が見えれば，ナトリウムを検知します。そして天文学においては，知られている太陽系外惑星―宇宙のどこかにある他の恒星の軌道を回る惑星―の半分は分光器を用いて，光が屈折している角度と色が吸収されている度合いを測るだけで，発見されました。そして，実にこれは，距離の計算と惑星の物理的構造を測定するのに十分なデータなのです。ですからみなさん，もし宇宙を調べるなら必ずしも高価な望遠鏡に頼る必要はないのです。そして興味深いことに，単一の白色光ではほとんど情報が得られないことが多いのです。私たちの多くの疑問に対する答えは，まさに虹の中に存在します。しかし，まず，虹を見つけなければなりません。

1 　正解　Ⓓ

　訳　教授は主に何について論じているか。

Ⓐ　電磁放射線の種類

Ⓑ　可視光線と不可視光線を測定する機器の例

Ⓒ　どのように科学者たちが虹の真の性質を発見したか

Ⓓ　科学における光の作用と特性

> **解説**　教授は下線部 **1-1** で，可視光線の授業の続きで，虹について話すと述べている。さらに下線部 **1-2** で虹は光を伴う科学現象であり，それが講義の重要な焦点だと言って講義を始めている。その後は，ニュートンによる光の実験，プリズムを通る光の屈折と反射，不可視光線，光を利用した分光器とそれが天文学上の科学的発見に利用されていることなどについて説明しているので，Ⓓが正解。

2 正解 Ⓐ

> **訳** 教授は，ニュートンが科学界に認識させたのは光の何についてだと言っているか。
> Ⓐ 色光は自然の白色光に存在する。
> Ⓑ 光はその波長の高さに基づいて分割できる。
> Ⓒ 光の粒子は感知が難しい微小の質量を持っている。
> Ⓓ 光エネルギーは電気エネルギーと同じである。

> **解説** 下線部**2**で，「イギリスの物理学者アイザック・ニュートンは光の定義を近代化し，白色光はスペクトルのすべての色を含むということが分かった」と言っているので，Ⓐ が正解。

3 正解 Ⓒ

> **訳** 教授はプリズムの特性は何であると言っているか。
> Ⓐ 光はプリズムにあたると反射する。
> Ⓑ プリズムは虹光から色を取り除く。
> Ⓒ プリズムの磨き上げられた面は光を曲げる。
> Ⓓ プリズムは鏡よりも光を分散させない。

> **解説** 下線部**3**で，教授は，「屈折は光が方向を変えたときや，プリズムのような物にあたり光が曲がるときに起きる」と言っているので，Ⓒ が正解。

4 正解 Ⓓ

> **訳** なぜ教授は虹の色に言及しているのか。
> Ⓐ 反射と屈折の過程を明示するため
> Ⓑ ニュートンのプリズムと雨滴を比較するため
> Ⓒ どのように波長が光の明るさに影響するかを例証するため
> Ⓓ 光が曲げられると何が起きるかを説明するため

> **解説** 教授は，虹の見つけ方を説明した後，下線部**4**で「雨滴は光を屈折させあなたの目に向けて反射する」と言って，(虹の)雨滴が目に映ることに言及し，続けて「最も長い波長を持っている赤色の光は少し曲がっているので，あなたの視界の中では最も高い位置に来る。そして最も短い波長を持っている紫色の光は，曲がって最も低い位置に来る」と言って，光の曲がり方により虹の色の位置が決まることを説明している。Ⓓ が正解。

5 正解 Ⓓ

> **訳** 分光器について何が推測できるか。
> Ⓐ それらは主に望ましくない分子を感知するために使用される。
> Ⓑ それらは単一の白色光を分析するときに最も有用である。
> Ⓒ それらは分子に色を加えるのに利用できる。
> Ⓓ それらはいくつかの素晴らしい科学的発見につながった。

解説 下線部 **5** より，分光器によってナトリウムなどの特定の物質の識別ができ，さらに天文学における新たな発見などにも利用されたことが分かる。したがって，天文学での発見について述べている Ⓓ が正解。Ⓒ は分光器は分子の変色を感知するとは言っているが，色を加えるわけではないので不適切。

講義の一部をもう一度聞き，質問に答えなさい。（スクリプト太字部分参照）

6 正解 Ⓑ

> **訳** 教授はなぜこのように言っているのか。（スクリプト破線部参照）
> Ⓐ 彼は学生全員がその装置を使用することを期待している。
> Ⓑ 彼は実際にその器具を使ったときに学生たちががっかりしないでほしいと思っている。
> Ⓒ 彼は新しい手法を共有することに興奮している。
> Ⓓ 彼は装置の危険性について懸念している。

解説 太字部分から，教授は可視光線以外での物の見え方について，ある装置を通した見え方は，日常我々がものを見る場合の見え方とは異なり「何か線や点の写っている白黒写真のようなものだけだ」と述べている。破線部の this は装置を使ったときのこの見え方を指しているので，学生が期待しすぎて実際に器具を使ったときにがっかりしないようにと言っている Ⓑ が正解。

CHAPTER 4

Final Test

Final Test 1

■解答一覧　p.210
■解答·解説　p.211 ~ 235

 track 147-152

Now get ready to answer the questions.
You may use your notes to help you answer.

1 Why did the student decide to transfer schools?
- Ⓐ He wanted to attend a different college, but was rejected his first time.
- Ⓑ He wanted to study at a school closer to his family.
- Ⓒ He found out a family member was accepted at a different university.
- Ⓓ He learned that a different school had better professors.

2 What does the advisor say about the student's course load?
- Ⓐ It shows the wide variety of interests he has pursued.
- Ⓑ It may need to be scaled up in order to graduate on time.
- Ⓒ It is not typical of a student in his current academic year.
- Ⓓ It includes courses that are not available at his new school.

3 What does the advisor say about the school she suggests the student transfer to?
- Ⓐ It has a different calendar that makes transferring difficult.
- Ⓑ It has a special department for welcoming new students.
- Ⓒ It has similar academic requirements as his current school.
- Ⓓ It has much more on-campus housing to live in.

4 What does the advisor tell the student to do to switch schools?

Click on 2 answers.

Ⓐ Fill out an online application on the school's website

Ⓑ Mention he wants to move closer to home

Ⓒ Complete an essay specific to the new school

Ⓓ Ask for a form at the Student Enrollment Office

Listen again to part of the conversation.
Then answer the question.

5 What can we infer about the student?

Ⓐ He felt guilty about meeting his advisor for this reason.

Ⓑ He had only thought about this change for a short time.

Ⓒ He is already far into his academic career.

Ⓓ He was worried about his academic performance.

Literature

- Edith Wharton
- *The Custom of the Country*

Now get ready to answer the questions.
You may use your notes to help you answer.

6 | What is the lecture mainly about?
- (A) The history of a social movement
- (B) Themes an author commonly used
- (C) Famous American women
- (D) A critical review of several books

7 | According to the lecture, what is one reason that early 20th century American women writers were special?
- (A) They set up awards to recognize accomplished females.
- (B) They wrote about many important historical events.
- (C) They worked during a time of immense change within the country.
- (D) They were advocates of rights for women both inside and outside the United States.

8 | What does Wharton say about morality?
- (A) It is the basis of making readers feel better.
- (B) It is connected to all kinds of art.
- (C) It has to be maintained among women's rights leaders.
- (D) It is lacking in much of early American fiction.

9 Why does the professor mention the interior design book Wharton contributed to?

   (A) It exemplifies Wharton's qualifications on a topic.

   (B) It illustrates Wharton's appreciation of beauty in all things.

   (C) It exemplifies themes in the most popular of Wharton's books.

   (D) It implies that the income from Wharton's novels was insufficient.

10 Which of these is mentioned as a typical element of an Edith Wharton novel?

   (A) Settings are free from social notions of realism.

   (B) Character actions are basically unaffected by social structures.

   (C) The cast of characters is a good balance between male and female.

   (D) Descriptions of scenes and settings are highly detailed.

Listen again to part of the lecture.
Then answer the question.

11 What does the professor mean when she says this: 🎧

   (A) She thinks the student is talking about something unrelated to the lecture.

   (B) She wants the student to consider an opposite point of view.

   (C) The student lacks knowledge about divorce.

   (D) The student provided an incorrect explanation of divorce law.

Biology

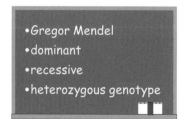

Now get ready to answer the questions.
You may use your notes to help you answer.

12 What is the lecture mainly about?
  Ⓐ How traits are inherited
  Ⓑ The diversity of life on Earth
  Ⓒ The life of Gregor Mendel
  Ⓓ How humans and plants are similar

13 Which statement correctly describes Mendel's research findings on pea pods?
  Ⓐ All traits of a pea plant got passed on to future generations.
  Ⓑ The forms of genes for green and yellow pea pods were identical.
  Ⓒ Pea pods were yellow when one parent plant had the green gene.
  Ⓓ A pea pod will be yellow when both parents pass on genes for the color.

14 According to the lecture, what is the relationship between genes in pea plants and humans?
  Ⓐ Yellow pea pods and brown eyes both result from dominant genes.
  Ⓑ Yellow pea pods and blue eyes both result from recessive genes.
  Ⓒ Green pea pods and blue eyes both result from dominant genes.
  Ⓓ Green pea pods and brown eyes both result from recessive genes.

15 What is more likely to occur when two parents who both have mixed genes for blue and brown eyes have a child?

(A) The child has blue eyes.

(B) The child has brown eyes.

(C) The child has an equal chance of blue or brown eyes.

(D) The child has a totally different eye color from that of the parents.

16 Which of the following statements is true?

(A) A child whose parents have blue eyes has heterozygous genes for eye colors.

(B) A person with a heterozygous genotype for eyes has a set of different types of genes.

(C) If one parent has a heterozygous genotype for eye colors, the child is unlikely to have the same genotype.

(D) Individuals' hair and eyes have a shared genotype which determines their colors.

Listen again to part of the lecture.
Then answer the question.

17 What point is the professor trying to make here?

(A) We do not need experts to understand heredity.

(B) People wondered about heredity for many years.

(C) Hair and eye color have always been easy to predict.

(D) We cannot understand heredity fully without knowing about the past.

Now get ready to answer the questions.
You may use your notes to help you answer.

1 Why does the student stay behind?
  (A) To get the professor to look at her topic and video for mistakes
  (B) To find out the correct business and presentation terminology
  (C) To find out more information about the requirements of the presentation
  (D) To talk about her hobbies and experience

2 What does the professor really think about the student pulling a strange face in class?
  (A) He feels the student is disappointed with the lesson.
  (B) He guesses that the student doesn't understand the nature of the assignment.
  (C) He thinks the student might not be happy about doing a presentation.
  (D) He is anxious for the student to find a job soon.

3 What might the student find in the library to help her?
  (A) An archive of previous presentations
  (B) A film about business experiences of Professor Cane's students
  (C) A book to help her studies
  (D) Some suitable topics in the reference section

Listen again to part of the conversation.
Then answer the question.

4 Why does the student say this:

    Ⓐ To express embarrassment
    Ⓑ To apologize for not trying hard enough
    Ⓒ To convey her lack of business experience
    Ⓓ To show her determination to find a suitable topic soon

Listen again to part of the conversation.
Then answer the question.

5 What can be inferred about the professor?

    Ⓐ He wants to punish his student with a difficult assignment.
    Ⓑ He assumes most people in his class have working experience.
    Ⓒ He wants his students to gain business experience in his class.
    Ⓓ He doesn't want his student to be nervous about being filmed.

Psychology

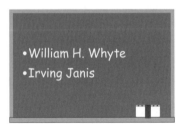

• William H. Whyte
• Irving Janis

Now get ready to answer the questions.
You may use your notes to help you answer.

6 What is the main topic of the lecture?
- Ⓐ Why it is difficult for individuals to make decisions
- Ⓑ Various theories about the origins of groupthink
- Ⓒ The dangers of groupthink and ways to avoid it
- Ⓓ Maintaining group harmony in decision-making

7 According to the lecture, what will likely happen as group harmony increases?
- Ⓐ Group members will start thinking outside the box.
- Ⓑ Groups will collectively make better decisions.
- Ⓒ Critical thinking will be encouraged.
- Ⓓ Group members will become less critical of each other.

8 The professor reports that the situational context of the group is a factor that causes groupthink. Indicate which of the following factors relate to situational context.

Click the correct box for each phrase.

	Yes	No
Ⓐ Money concerns		
Ⓑ Insulation from outside opinions		
Ⓒ Threats to safety		

9 According to the professor, how is a factor that causes earthquakes similar to a factor that causes groupthink?

Ⓐ Neither happens predictably.

Ⓑ Both represent an underlying weakness.

Ⓒ Neither is easy to handle.

Ⓓ Both cause great harm.

10 What do experts suggest to deal with the issue of groupthink?

Ⓐ Groups should put the responsibility of decision-making in the hands of individuals.

Ⓑ Individuals should think more positively about each other.

Ⓒ Workers should not focus on more than one problem at a time.

Ⓓ Companies should invite outsiders to evaluate their decisions.

Listen again to part of the lecture.
Then answer the question.

11 Why does the professor say this?

Ⓐ To warn against letting groups make decisions

Ⓑ To make clear that group decision-making is not always bad

Ⓒ To suggest avoiding group decisions to stop groupthink

Ⓓ To explain that groupthink is bad for groups

Answer Keys

解答一覧

Final Test 1

Passage 1-1

1. B
2. C
3. C
4. A B
5. A

Passage 1-2

6. B
7. C
8. B
9. A
10. D
11. C

Passage 1-3

12. A
13. D
14. B
15. B
16. B
17. B

Passage 2-1

1. C
2. B
3. A
4. C
5. D

Passage 2-2

6. C
7. D
8. Yes: A C
   No: B
9. B
10. D
11. B

Final Test 1 　解 答 解 説

スクリプト

Listen to a conversation between a student and his academic advisor.

Advisor: Hi, there Harrison, thanks for joining me. You said you wanted to talk with me about your academic future?

Student: Hi, thanks for meeting me. I actually wanted to talk to you about something sort of serious. I was thinking about, well, transferring to a different college.

Advisor: Ah, is that so? I saw on your profile that you went to high school in a city across the state. Were you thinking of studying at a university closer to your hometown?

Student: That's right. I thought I was adjusting well to college life away from my family, but over the summer I went back to see everyone and realized how much I missed the place. **1** When I came back, it turned out that I wasn't adjusting as well as I thought, and felt it would be best if I was closer to home.

Advisor: Well, I'm sorry you realized you're uncomfortable staying so far from home, but we definitely have a process for letting you move closer to your family.

Student: Yeah, thanks. **Oh, and umm, I guess I'm sorry I came here just to let you know I'll be leaving the school.**

Advisor: Oh, that's no problem; I wouldn't want to keep you here if you feel that would be bad for your mental health, and students are transferring to and from this school all the time. So, let me just pull up your records here…wait for it to load up…ah, here we go. Hmm, **2** it looks like you've taken a lot of classes for your major for someone so early in your school career. Usually we suggest taking mostly general education requirements your first year and a half so you're not locked in to your major so early.

Student: Yeah, I kind of thought it might get monotonous in my last two years, so I saved some general classes for those two years. Is that going to be a problem?

Advisor: It might depending on where you're transferring and if you plan on sticking with your major. Do you know if you'll change your major, and what school you want to move to?

211

Student: I plan on staying with my current major, but I wasn't really sure what school I'd go to. I know there's a few in my hometown, but I haven't really looked too closely into any of them.

Advisor: Well, transferring within the state school system would make it easiest to take your current course load along with you. **3** There's a campus in your hometown, right? It would have similar requirements for grades and test scores as us, so since you've kept up with your grades and coursework there shouldn't be any reason to reject your application. Have you looked at the online application to transfer between schools in the state system?

Student: No, actually.

Advisor: So, the actual process is very easy. **4-A** Just log on to the student web portal and click on "Forms". You click on the link that says "Transfer Within State System" and fill out the form which lets you select the school you'd like to attend. They'll be able to see your grades and courses, so no need to enter those. Like I said, you should meet their qualifications for transferring, so I wouldn't worry about being accepted. Even so, **4-B** they tend to be particularly willing to let people move closer to their families, so in the field that asks why you're transferring, be sure to write "in order to be closer to home."

Student: I'll do that as soon as I get back to my dorm. Thanks so much!

Advisor: You're welcome, and good luck at your new school!

思いますが，あなたを家族のもっと近くに移動させるための手続きは確かにありますよ。

学生：はい，ありがとうございます。あー，それから，私が大学を去ることを先生に知らせるためだけに来たことをお詫びしたいと思います。

指導教官：ああ，それは問題ありません。あなたの精神的健康に悪いなら，私はあなたをここへ引き留めるつもりはありません。それに常に学生たちはこの学校から他校へまた他校からここへ転校しています。ではあなたの記録をここに出してみますね…記録が読み込まれるまで待って…ああ，出ました。うーん，あなたは学校生活の初期にある人にしては，多くの専攻科目を履修しているようですね。通常，最初の1年半はほとんど必修の一般教養科目を履修するよう勧めています，そうすれば早い時期に自分の専攻に縛られることがないですから。

学生：はい，最後の2年間が単調になるかもしれないとちょっと考えて，その2年間のためにいくつかの一般教養科目は残しておいたのです。それが問題になりますか。

指導教官：あなたがどこへ転校しようしているのか，また同じ専攻にとどまるつもりかどうかによっては問題になるかもしれません。あなたは自分の専攻を変えるかどうか，どの学校に移りたいのか，分かりますか。

学生：今の専攻にとどまるつもりですが，どの学校へ行くかははっきりしていません。故郷にはいくつかあるのは知っていますが，どの1つについても詳しくは調べていません。

指導教官：えー，州立大学システム内での転校では，現在の履修単位数を最も簡単に持っていくことができます。あなたの地元にも大学はありますよね？　そこでの成績とテストスコアに関する要件はこの大学と似通っているでしょうから，あなたはずっと成績や授業に問題がないのであなたの願書を受け付けない理由は見当たりません。州立大学システムの大学間での転校をするためのオンライン願書を調べたことはありますか。

学生：いいえ，実はないんです。

指導教官：えっと，実際の手続きは非常に簡単です。学生のポータルサイトにログオンして，「申込フォーム」をクリックするだけです。「州立大学システム内の転校」と書いてあるリンクをクリックし，申込フォームに記入しますが，そこであなたが行きたい大学を選択できます。大学はあなたの成績と教科課程を見ることができますから，それらを入力する必要はありません。私が言ったように，あなたはおそらく転校のための必要条件を満たすでしょうから，受け入れについては心配はないでしょう。とはいえ，大学は学生が家族の近くに来られるようにすることに特に協力的な傾向にありますので，転校をする理由を聞いている欄には，「より実家の近くにいるため」と書くのを忘れないでください。

学生：寮に帰ったらすぐにやります。本当にありがとうございました！

指導教官：どういたしまして。新しい大学でがんばってください！

1 正解 Ⓑ

訳 なぜ学生は転校することに決めたのか。

Ⓐ 他大学へ行きたいと思っていたが，最初は認められなかった。

Ⓑ 自分の家族により近い学校で学びたかった。

Ⓒ 家族の1人が他の大学に入学したことが分かった。

Ⓓ 他の大学により良い教授がいることを知った。

解説 下線部**1**で，夏に実家に帰った後，「実家の近くにいるのが一番良いと感じた」と話しているので，正解は Ⓑ。Ⓐ，Ⓒ，Ⓓ については言及がない。

---

2 正解 Ⓒ

訳 指導教官は学生の履修単位数について何と言っているか。

Ⓐ それは彼が追求してきた関心事の幅広さを示す。

Ⓑ 予定通り卒業するためには増やす必要があるかもしれない。

Ⓒ それは現在の学年の学生においては典型的ではない。

Ⓓ それは彼の新しい大学では取れない教科課程を含んでいる。

解説 下線部**2**で「学校生活の初期にある人にしては，多くの専攻科目を履修しているようだ」と言い，さらに通常勧めている履修方法を説明しているので，Ⓒ が正解。

---

3 正解 Ⓒ

訳 指導教官は学生に転校を勧めた大学について何と言っているか。

Ⓐ 転校を難しくする異なる学年暦を持っている。

Ⓑ 新入生を歓迎するための特別な学部がある。

Ⓒ 現在の彼の大学とよく似た成績の条件を持っている。

Ⓓ キャンパス内にはるかに多くの居住施設がある。

解説 下線部**3**に，「（地元の大学での）成績とテストスコアに関する要件はこの大学と似通っているだろう」とあるので，Ⓒ が正解。Ⓐ，Ⓑ，Ⓓ については言及されていない。

---

4 正解 Ⓐ Ⓑ

訳 指導教官は学生に大学を変更するために，何をするように言っているか。

答えを2つクリックしなさい。

Ⓐ 大学のウェブサイトのオンライン志願書に記入する

Ⓑ 実家の近くに引っ越したいことに言及する

Ⓒ 新しい大学に特化したエッセイを完成させる

Ⓓ 学生入学事務局で申込用紙を要求する

会話の一部をもう一度聞き，質問に答えなさい。（スクリプト太字部分参照）

5 正解 Ⓐ

　訳　学生について何が推測できるか。
　Ⓐ　彼はこのような理由で指導教官に会うことに気がとがめた。
　Ⓑ　彼はこの変更について短時間しか考えていなかった。
　Ⓒ　彼の学問生活はすでにかなり先に進んでいる。
　Ⓓ　彼は自分の学業成績を心配していた。

　解説　学生は太字部分で，大学を去ることを知らせるためだけに来たことをお詫びしたいと言って，指導教官の気遣いに対して気を遣っている。よって，Ⓐ が正解。Ⓑ，Ⓒ，Ⓓ については言及されていない。

Passage **1-2**　🔊 track 153-159

▶問題　　p.202 〜 203
■解答一覧　p.210

スクリプト

Listen to part of a lecture in a literature class.

Professor: I want to continue our talk from yesterday on early 20th century American women writers.  **7** Their work was special because it had an historic impact; it coincided with a...uh...rapid expansion of women's rights and social standing. Among these writers, Edith Wharton stands out. She won a Pulitzer Prize — the first woman to do so, by the way — and was nominated for a Nobel Prize. **6-1** This morning, I want to go through some of the things that made her writing unique.

6-2 The first element that I want to cover is social realism. What is social realism? It's concerned with creating situations, settings, and characters that are, well, realistic. This should hold true on whatever subject an author writes about.

In Wharton's case, a common subject was the elite social class. Wharton wrote about this in what she felt to be a factual and open way. A good example of this is her novel *The Custom of the Country*. This novel describes the upper-class people of New York

City as being focused only on social and monetary gain. The main character of the book, Undine Spragg, devotes nearly all of her efforts to rising to a higher class. She even goes so far as to choose potential husbands who can help her do that. This novel also portrays the terrible risks for women — especially when it came to their financial situation — of breaking the rules of society. It was a very open, very frank way of depicting women's lives, but one that accurately depicted the facts of life.

Another thing that Wharton describes realistically in that same novel is the lifestyle of the upper classes — which are almost entirely made up of buying luxury items, travelling internationally, and enjoying opera, art galleries, or fine dining. The society that Wharton brings to life is elegant, fashionable, and wealthy — and this vivid, realistic description draws readers into the story more deeply.

6-3 The second theme that runs through many of Wharton's books is moralism. As she stated, a good novel will "shed light on our moral experience." **8** Fiction is an art, and Wharton felt that it was impossible to separate any type of art from a moral standard.

Student A: So...um...if morality is so important in her books, is that why she...uh... favored women's rights? I mean...equal rights for women?

Professor: You could say that. Sharp critiques of unequal political, economic and social rights between men and women appear consistently — either directly or subtly — in nearly all Edith Wharton novels. And Wharton framed the issue of women's rights often enough as a moral one. Take Lily Bart, the main character in *The House of Mirth*. Lily's life collapses because she is too restricted by the rules of her time and class — immoral rules which denied women equality with men.

Student B: Rules? Like...uh...laws?

Professor: More like informal social structures. And remember that overwhelmingly tight social structures pervade — again, overtly or subtly — most Edith Wharton novels. These structures tightly reduce the range of actions possible for basically all the characters.

But let's get back to what I was saying on morality. Another feature of morality often included in Wharton's works is the concept of freedom. In perhaps her greatest novel, *The Age of Innocence*, the two primary characters, Newland Archer and Ellen Olenska — who are married to other people — are unable to become a couple. Though it's clear that they are in love with each other, they can't marry. Can anyone guess as to why?

Student A: Because they couldn't get divorced from their spouses? I guess...I mean

...at that time it was impossible, right?

Professor: <u>Well, not exactly.</u> **Legally, they could have divorced, but doing so in that period would have created tremendous problems for them, their immediate families, and their relatives.** There was a public shame around divorce; in other words, divorced people were looked down on by society. With this shame, it wasn't really possible for Newland and Ellen to leave their spouses and then marry each other. It's obvious that the two can never be together, and this is what gives the novel its tragic sense early on.

6-4 The third element that I want to cover in Wharton's works is structure; **10** she placed a strong emphasis on not only carefully organizing novels, but creating a detailed setting for each scene. Many of her stories spend a great deal of time providing highly detailed descriptions of the neighborhoods and places of work. Wharton describes everything from the shutters on the windows to the stones in the wall.

Student B: **9-1** Wasn't Edith Wharton an architect at one point?

Professor: No, but **9-2** Wharton actually coauthored a book on interior design, so she had some practical knowledge of things like architecture and design.

Edith Wharton is only one of the authors that you can choose to write about for your midterm essay. Let's move on to a few of the others.

スクリプトの訳

文学の講義の一部を聞きなさい。

教授：昨日に続いて 20 世紀初頭のアメリカ人女性作家について話をしたいと思います。彼女たちの作品は歴史的影響力を持っていたので特別でした。それは，うーん，女性の権利と社会的地位の急速な拡大と同時に起こりました。これらの作家たちの中で，イーディス・ウォートンは際立っています。ピューリツァー賞を受賞し，ちなみにこれは女性初です，そしてノーベル賞の候補となりました。今朝は，彼女の作品を独特のものにしているいくつかの事柄について話したいと思います。

私が最初に扱いたい要素は社会的リアリズムです。社会的リアリズムとは何か。それは，えー，写実的な状況，時代背景，登場人物を生み出すことに関するものです。このことは作者がどのようなテーマについて書いても，あてはまるでしょう。

ウォートンの場合，共通のテーマは社会のエリート階級です。ウォートンはこれについて，事実に基づいて，開放的と彼女が感じる形で書いています。この良い例は彼女の小説『お国の習慣』です。この小説はニューヨーク市の上流階級の人々を，ただ社会的，金銭的獲得にのみ関心を集めている人たちとして描写しています。この本の主人公，アンディーン・スプラグは，彼女の努力のほとんどを上流階級にのし上がることに費やします。彼女は，自分がそれを成すことを助けてくれる可能性のある夫を選ぶこともします。この小説では社会の習慣を破ることによる女性

にとって，特に彼女たちの経済的状況に対する，恐ろしいリスクが描写されています。それは女性の人生を非常に率直に包み隠さず描写する方法でしたが，現実を正確に描写したものでした。この同じ小説の中で，ウォートンがもう1つ写実的に描写しているのは上流階級の生活様式で，それはほとんどすべて，高価な品物の購入，海外旅行，オペラ，美術館，そして豪華な食事を楽しむこと，で構成されています。ウォートンが生き生きとさせている社会は優雅で，流行の先端を行き，裕福で，そしてこの活気にあふれ，写実的な描写は読者をより深く物語に引き込みます。

ウォートンの多くの作品に貫かれている2番目のテーマは道徳主義です。彼女が明言しているように，良い小説は"私たちの道徳的経験に光を投げかける"でしょう。創作は芸術であり，ウォートンは，どのような様式の芸術も道徳的規準から切り離すのは不可能だと感じていました。

学生A：だから，えー，もし彼女の本の中で道徳性がそんなに重要なら，それが彼女が，あー，女性の権利を支持した理由ですか。つまり，女性の平等の権利を？

教授：そうとも言えますね。イーディス・ウォートンのほとんどすべての小説で，直接的あるいは巧妙に，男女間における不平等な政治的，経済的，社会的権利に対する鋭い批評が一貫して出現しています。そしてウォートンは女性の権利の問題を道徳問題として十分に何度も作り上げました。『歓楽の家』の主人公リリー・バートを取り上げてみましょう。リリーの人生は，その時代性と階級性 ― 男女同権を否定する不道徳な習慣 ― にあまりに制限されているため，崩壊してしまいます。

学生B：習慣？ あー，法律みたいなものですか。

教授：というより非公式な社会体制です。そして，イーディス・ウォートンのほとんどの小説には圧倒的に厳格な社会構造が，ここでもまた，直接的にあるいは巧妙に，行き渡っていることを思い出してください。これらの社会構造が基本的にすべての登場人物の可能な行動範囲を厳しく狭めています。

しかし，道徳について私が言っていたことに戻りましょう。ウォートンの作品にしばしば含まれているもう1つの道徳性の特徴は自由の概念です。おそらく彼女の最高の小説である『エイジ・オブ・イノセンス / 汚れなき情事』では，2人の主人公，ニューランド・アーチャーとエレン・オレンスカは，ともに他の人と結婚していて，夫婦にはなれません。彼らが互いに愛し合っていたことは明白ですが，結婚はできません。誰かその理由をあてられますか。

学生A：彼らが配偶者と離婚できなかったためですか。たぶん，つまり，当時は離婚が不可能だったからですよね？

教授：えーと，少し違います。法律的には彼らは離婚できたかもしれませんが，その時代に離婚することは彼らやその家族，親戚にとって非常に大きな問題を引き起こしたでしょう。離婚には社会的不名誉が行き渡っていました，言い換えれば，離婚した人は社会で見下されていたのです。この不名誉のために，ニューランドとエレンは互いに配偶者から去り，結婚することは実際不可能だったのです。彼らが一緒にはなれないのは明らかで，これが小説に物語の初めから悲劇的な感覚を与えているのです。

ウォートンの作品で，私が3番目に扱いたい要素は構成です。彼女は，慎重に小説を組み立てるだけではなく，各場面で詳細な背景を作り出すことに非常に重点を置きました。彼女の物語の多くは，近隣や仕事場の非常に詳細な描写に多くの時間を使っています。ウォートンは窓のシャッターから壁の石まで，すべてを描写します。

学生B：イーディス・ウォートンは一時，建築家じゃありませんでしたか。

教授：いいえ，しかし実はウォートンは室内装飾に関する本を共同執筆しています。したがって，

彼女は建築やデザインのようなことについて実際的な知識をいくらか持っていました。イーディス・ウォートンは中間試験のエッセイであなた方が題材として書くのに選べる著者のうちの1人でしかありません。では他の何人かに移りましょう。

6 正解 B

訳 この講義は主に何についてか。
(A) 社会運動の歴史
(B) ある作家が通常使用したテーマ
(C) 有名なアメリカ人女性
(D) いくつかの本の批評

解説 下線部 **6-1** で，「今朝は，彼女の作品を独特のものにしているいくつかの事柄について話したい」とあり，下線部 **6-2** で，「最初に扱いたい要素は社会的リアリズム」とし，下線部 **6-3** で，「2番目のテーマは道徳主義」，下線部 **6-4** で，「3番目に扱いたい要素は構成」と言っている。これらは作品に共通するテーマであり，したがって正解は **B**。

7 正解 C

訳 講義によれば，20世紀初頭のアメリカ人女性作家たちが特別であった理由の1つは何か。
(A) 彼女たちは偉業を成し遂げた女性たちを認めるために賞を設立した。
(B) 彼女たちは多くの重要な歴史上の出来事について書いた。
(C) 彼女たちは国内の大変革の時代の間に本を書いた。
(D) 彼女たちはアメリカ国内外の女性の権利の擁護者であった。

解説 下線部 **7** で，教授は「彼女たちの作品は歴史的影響力を持っていたので特別で，それは，女性の権利と社会的地位の急速な拡大と同時に起こった」と言っており，女性の権利や地位が大きく変化する時代に作品が書かれたことが分かるので，正解は **C**。

8 正解 B

訳 道徳についてウォートンは何と言っているか。
(A) それは読者を心地よくするための基本である。
(B) それはあらゆる種類の芸術と関連している。
(C) それは女性の権利運動の指導者たちの間で維持されているべきだ。
(D) それは多くのアメリカ初期のフィクションに欠けている。

解説 下線部 **8** で，教授は，「ウォートンは，どのような様式の芸術も道徳的規準から切り離すのは不可能だと感じていた」と言っているので，正解は **B**。

9 正解 Ⓐ

訳 なぜ教授はウォートンが執筆に加わったインテリアデザインの本に言及したのか。

Ⓐ それはウォートンがあるトピックの知識があることを例証している。

Ⓑ それはウォートンのすべてのものに対する審美眼を説明している。

Ⓒ それは最も人気のあるウォートンの本の主題を例証している。

Ⓓ それはウォートンの小説の収入は十分ではなかったとほのめかしている。

解説 下線部 **9-1** で学生がウォートンは建築家ではなかったかと教授に問いかけたのに対して，教授は下線部 **9-2** で「ウォートンは室内装飾に関する本を共同執筆しており，建築やデザインのようなことについて実際的な知識をいくらか持っていた」と答えている。これよりウォートンは建築についてある程度の知識があったことが分かるので，正解は Ⓐ。

10 正解 Ⓓ

訳 これらのどれがイーディス・ウォートンの小説の典型的な要素として言及されているか。

Ⓐ 背景はリアリズムの社会概念に縛られていない。

Ⓑ 登場人物の行動は基本的に社会構造の影響を受けていない。

Ⓒ 登場人物の配役は男女の比率がよく取れている。

Ⓓ 場面と背景の描写が非常に詳細にされている。

解説 下線部 **10** でウォートンは「各場面で詳細な背景を作り出すことに非常に重点を置いた」「物語の多くは，詳細な描写に多くの時間を使っている」「窓のシャッターから壁の石まで，すべてを描写する」と説明しているので，正解は Ⓓ。

講義の一部をもう一度聞き，質問に答えなさい。（スクリプト太字部分参照）

11 正解 Ⓒ

訳 教授はこのように言ったとき，何を意味しているか。（スクリプト破線部参照）

Ⓐ 彼女は学生が授業とは関係のないことを話していると思っている。

Ⓑ 彼女は学生に反対の見解について考えてほしいと思っている。

Ⓒ 学生は離婚についての知識がない。

Ⓓ 学生は間違った離婚法の説明をした。

解説 学生は，当時，離婚は（法的に）できなかったと考えていたが，教授は not exactly と言った後で，法的にはできるが，離婚しないのは「社会的不名誉」のせいであると説明している。よって学生には離婚についての知識がないと分かるので，正解は Ⓒ。

スクリプト

Listen to part of a lecture in a biology class.

12 Today I will begin discussing heredity, which is the study of how particular traits are passed on from parents to children. **Long before the process of heredity was understood, people had a sense that some traits tended to dominate other traits. For example, when one parent had the trait of darker-colored hair or eyes, they tended to be passed on more frequently to the child than did the lighter hair or eye color of the other parent.**

Our understanding of how the process of heredity works benefited greatly from the work of Gregor Mendel, who is now widely considered to be the father of classical genetics and heredity. You see, Mendel, a monk in what is now the Czech Republic, wished to learn why some traits of plants got passed on while other traits did not. During his research, Mendel cross-fertilized pea plants and discovered that the various forms of genes for producing green pea pods were dominant over those for yellow pods. This meant that pea pods would turn out green instead of yellow when both parent plants supplied genetic information for the green variation as well as when one parent plant supplied information for the yellow variation. **13** Only when both parent plants supplied information for the yellow form of the gene would pea pods become yellow. **14-1** While the genetic forms for producing green pods are called dominant, we refer to those responsible for producing yellow pods as recessive.

Now then, if we apply Mendel's notions of dominant and recessive genetic forms to the study of human heredity, we can begin to understand how we inherit various traits from our own parents such as our hair color, height, and the length of our fingers.

To illustrate this, let's examine how parents' genetic information can determine their children's eye color. We'll talk about brown and blue eye colors. Just as the genes for producing green pea pods are dominant over those for yellow ones, geneticists have found those for brown eye color to be dominant over those for blue eye color. Each parent possesses two genes for eye color and passes one to their child. For example, a parent might have two genes for brown eye color, so the child will have the same color, regardless of the other parent's genes. On the other hand, a parent might have two genes which cause blue eyes. **14-2** Blue is recessive, so the outcome would be overridden by the presence of a brown gene, but if two parents have blue genes, the blue eye color appears in the child. And finally a parent might have one gene for brown eye color and one for blue. Even though the genes are different, this genotype is still labeled dominant due to the presence of the brown gene, which is coupled with the recessive blue gene.

With these three genotypes in mind, let's now imagine that we have a brown-eyed man and a brown-eyed woman who each have one dominant gene for brown eye color and one recessive gene for blue eye color.

As I mentioned previously, naturally each of them will pass on one of their two genes for eye color, that is, either brown or blue, to their future child. Let's apply Mendel's principles to predict the probability of their child acquiring either brown or blue eye color. First of all, the chance of them passing on either their brown or blue eye color gene is 50%. **15** If you only care about the final result, we can calculate that the probability of the child having brown eyes is 75% and for blue eyes, 25%. But let's break this down. There are actually four possible genetic outcomes for the child. There is a 25% chance that the child would have two brown genes, or, a dominant genotype. **16** Next, we have a 25% chance of one brown from the father, and one blue from the mother. We call this the heterozygous genotype, meaning that the gene types are different. After that, we have another 25% for the reverse pattern, one brown from the mother, and one blue from the father. Finally, there's a 25% chance of two genes for blue, resulting in a recessive genotype. In other words, the child can only have blue eyes when the gene for blue eye color is received from both parents.

スクリプトの訳

生物学の講義の一部を聞きなさい。

今日は, 遺伝, すなわちある特定の特徴がどのようにして親から子供に伝わるのかの研究についての話を始めます。遺伝の仕組みが解明されるはるか前に, 人々は, ある特徴が他の特徴より優位に立っているという傾向が存在すると感じていました。例えば, 一方の親の髪や目の色がより濃ければ, これらの特徴はもう一方の親の比較的明るい髪や目の色よりも, 高い頻度で子供に伝わる傾向にある, といったようなことです。

遺伝のプロセスがどのように働くのかについての我々の理解は, 今では古典的遺伝学, そして遺伝の父として広く見なされているグレゴール・メンデルの業績に大いに恩恵を受けています。えー, メンデルは, 現在のチェコ共和国の修道士でした。彼は, 植物の特徴のうち, 受け継がれるものもあれば, 受け継がれないものもある理由を知りたいと思っていました。研究中に, メンデルはエンドウ豆を交雑受精し, 緑色の鞘のエンドウを生み出すさまざまな種類の遺伝子が, 黄色の鞘を

生み出す遺伝子より顕性であることを発見しました。これはつまり，どちらの親株も鞘が緑色に変異する遺伝子情報を提供する場合と同様に，片方の親株が黄色に変異する遺伝子情報を提供する場合も，エンドウ豆の鞘は黄色ではなく緑色になるということです。どちらの親株もともに黄色の遺伝子情報を提供する場合にのみ，エンドウ豆の鞘は黄色になります。緑色の鞘を生み出す遺伝子型を顕性と呼ぶのに対し，黄色の鞘を生み出す原因となる遺伝子型を潜性と呼びます。

　ここで次に，メンデルの顕性，潜性遺伝子型の概念を人間の遺伝研究に適用すると，私たちが，例えば，髪の色，身長，指の長さなどといったいろいろな特徴をどのようにして両親から受け継いでいるのかを理解し始めることができます。

　これを説明するために，親の遺伝子情報がどのようにして子供の目の色を決定するのかを検討してみましょう。茶色と青の目の色について話します。ちょうど，緑色のエンドウ豆の鞘を生み出す遺伝子が黄色の鞘の遺伝子より顕性であるのと同様に，茶色の目は青色の目に対して顕性であることを遺伝学者たちは発見しました。親はそれぞれ，目の色に関する2つの遺伝子を持っていて，1つを子供に伝えます。例えば，1人の親が2つの茶色い目の遺伝子を持っているとすれば，もう一方の親の遺伝子にかかわらず，子供は同じ色（茶色）になります。一方で，1人の親が青い目になる2つの遺伝子を持っているとします。青い目は潜性です，したがって，結果は茶色い目の遺伝子の存在により無効になるでしょう。しかし両親とも青い遺伝子を持っていると，子供に青い目の色が現れます。最後に，親が1つの茶色い目になる遺伝子と，1つの青い目の遺伝子持っているとします。それらの遺伝子は異なっているとしても，この遺伝子型は茶色の遺伝子の存在のため，潜性の青の遺伝子と結びついて，顕性（遺伝子型）に分類されます。

　これら3つの遺伝子型のことを頭に入れて，ともに茶色い目の顕性遺伝子と青い目の潜性遺伝子を持っている茶色い目の男性と茶色い目の女性について考えてみましょう。

　先ほど述べたように，当然，それぞれが目の色に関する2つの遺伝子のうちの1つ，すなわち，茶色か青色の遺伝子をこれから生まれる子供に伝えます。メンデルの法則を用いて，彼らの子供が茶色い目，あるいは青い目になる可能性を予測してみましょう。まず，茶色の遺伝子を伝える可能性と，青色の遺伝子を伝える可能性は，それぞれ50%です。最終的な結果だけを考えるならば，子供が茶色の目を持つ確率は75%，青い目を持つ確率は25%と予測することができます。しかし，もう少し細かく考えてみましょう。実際には，子供には4つの可能な遺伝の結果が考えられます。子供が2つの茶色の遺伝子を持つ，つまり顕性遺伝子型の可能性は25%あります。次に，父親から茶色の遺伝子を1つ，母親から青い遺伝子を1つもらう可能性が25%あります。私たちはこれを異型接合体遺伝子型と呼びますが，これは遺伝子型が異なっているという意味です。さらに，茶色の遺伝子を母親から1つ，青い遺伝子を父親から1つもらう反対のパターンの可能性が25%あります。最後に，2つの青い遺伝子を持ち，潜性遺伝子型となる可能性が25%あります。言い換えると，子供は両方の親から青い目の遺伝子を受け取ったときにのみ青い目になるのです。

12 正解 Ⓐ

訳 この講義は主に何についてか。

Ⓐ どのように特徴が遺伝するか

Ⓑ 地球上生命の多様性

Ⓒ グレゴール・メンデルの生涯

Ⓓ 人間と植物がいかに類似しているか

解説 教授は冒頭の下線部**12**で,「遺伝,すなわちある特定の特徴がどのようにして親から子供に伝わるのかの研究について話す」と述べている。その後メンデルによる遺伝の研究とその概念の人間の遺伝研究への適用について話しているので,正解は Ⓐ。

13 正解 Ⓓ

訳 エンドウ豆の鞘に関するメンデルの研究結果について正確に述べているものはどれか。

Ⓐ エンドウ豆のすべての特徴が次世代に受け継がれた。

Ⓑ エンドウ豆の緑色と黄色の鞘の遺伝子の型は同一だった。

Ⓒ エンドウ豆の鞘は,片方の親株が緑色に変異する遺伝子を持っている場合に黄色になった。

Ⓓ 両方の親株がその色の遺伝子を渡したとき,エンドウ豆の鞘は黄色になる。

解説 教授はメンデルの実験結果を説明し,下線部**13**で「どちらの親株もともに黄色の遺伝子情報を提供する場合にのみ,エンドウ豆の鞘は黄色になる」と述べている。よって,正解は Ⓓ。

14 正解 Ⓑ

訳 講義によれば,エンドウ豆の遺伝子と人間の遺伝子の関係は何か。

Ⓐ 黄色いエンドウ豆の鞘と茶色の目は,両方とも顕性遺伝子から起こる。

Ⓑ 黄色いエンドウ豆の鞘と青色の目は,両方とも潜性遺伝子から起こる。

Ⓒ 緑色のエンドウ豆の鞘と青色の目は,両方とも顕性遺伝子から起こる。

Ⓓ 緑色のエンドウ豆の鞘と茶色の目は,両方とも潜性遺伝子から起こる。

解説 下線部**14-1**で,「黄色の鞘を生み出す原因となる遺伝子型を潜性と呼ぶ」とあり,黄色のエンドウ豆の鞘は潜性遺伝子から起こる。また,下線部**14-2**で,「青い目は潜性で,両親とも青い遺伝子を持っていると,子供に青い目の色が現れる」とあり,人の青い目も潜性遺伝子から起きる。よって,Ⓑ が正解。

15 正解 **B**

> **訳** 青い目と茶色の目の混合遺伝子を持っている両親の子供に起こる可能性がより高いことは何か。
> **A** 子供は青い目である。
> **B** 子供は茶色い目である。
> **C** 子供が青い目または茶色の目を持つ可能性は半々である。
> **D** 子供は両親とは全く異なる目の色である。

> **解説** 下線部**15**で「最終的な結果だけを考えるならば，子供が茶色の目を持つ確率は75%，青い目を持つ確率は25%」と言っている。したがって，**B** が正解。

16 正解 **B**

> **訳** 次の記述のうち正しいものはどれか。
> **A** 両親が青い目を持つ子供は目について異型接合体遺伝子を持つ。
> **B** 目について異型接合体遺伝子を持つ人は異なる型の遺伝子のセットを持つ。
> **C** 親のうち1人が目の色について異型接合体遺伝子を持っていると，子供は同じ遺伝子型を持つ可能性は低い。
> **D** 個人の髪と目は，それらの色を決める共通する遺伝子型を持つ。

> **解説** 下線部**16**で，父から茶色，母から青色というように異なる遺伝子をもらうことを異型接合体遺伝子と定義し，これは遺伝子型が異なっているという意味だと言っているので，**B** が正解。**A** は青い目を持つ両親からは（潜在遺伝子型の）青い目の遺伝子を1つずつもらうことになるので，間違い。**C**，**D** については言及がない。

講義の一部をもう一度聞き，質問に答えなさい。（スクリプト太字部分参照）

17 正解 **B**

> **訳** ここで教授が言おうとしていることは何か。
> **A** 遺伝を理解するのに専門家は必要ない。
> **B** 長年の間，人々は遺伝について不思議に思ってきた。
> **C** 髪と目の色は常に予測するのが容易であった。
> **D** 過去を知らずして遺伝を十分に理解することはできない。

> **解説** 教授が今日は遺伝について話すと言った後，「遺伝の仕組みが解明されるはるか前に，人々は，ある特徴が他の特徴より優位に立っているという傾向が存在すると感じていた」と述べている。遺伝について解明される前の段階からすでに関心を持っていたということなので，**B** が正解。

Listen to part of a conversation between a student and a professor.

Student: Before you go to lunch, Professor Cane, could I just ask you about something?

Professor: Sure, Naomi. Let me guess — you want to know about the presentation that you all have to do, right?

Student: Um, yeah, right — how did you know that?

Professor: Well, as I was explaining it to the class, **2-1** you were pulling a strange face, which was signaling to me that you weren't too happy about doing this presentation.

Student: Oh, no! Sorry! I wasn't complaining or anything. **1** I just, you know, I'm just not sure about the presentation itself. Of course I wasn't...

Professor: That's OK, Naomi. **2-2** I'm only pulling your leg. I knew it was a look of confusion. So, what are you unsure about?

Student: Well, um, **this is a business class and we're supposed to do a business presentation, right? And, like, well, I don't have a job, or anything like that.**

Professor: I see what you mean, but as I said to you in class, it doesn't necessarily have to be completely business-related.

Student: Well, what do you mean?

Professor: As I was saying, this presentation is to practice the terminology related to business-type presentations, like you saw in the video in class today.

Student: **4** But that guy was a businessman doing a business presentation at work.

Professor: Again, true, but what I'm trying to stress to you is that the layout and format of a presentation should conform to expected business standards. Look at the handout again.

Student: Yeah, right — hang on. Yeah, here. Yeah.

Professor: All presentations need to start with some form of polite greeting expression, like, ah, "I'm delighted to be here today," you know, etcetera, etcetera. Then down here, look, er, we have language and terminology related to summarizing and finishing the presentation.

Student: So, as long as we stick to this sheet, we can choose a topic other than business if we'd like.

Professor: Right. Then in the future when you do have to do a presentation at work, at least you'll know the correct terminology that's expected for presentations. Do you see?

Student: Uh-huh. You said it could be a hobby or part of an experience we've had, right?

Professor: Yeah, again, **3** if you're not sure, go to the library and ask to look at the video labelled "Professor Cane's presentation class." I usually keep tapes of presentation sessions for student reference purposes.

Student: What!? You're going to record, like, on film?

Professor: Well, video, yeah — some, not all, but you shouldn't panic about that right now. Just try to find an appropriate topic, and then we'll take it from there.

Student: Oh, just one more thing — how long should the presentation be?

Professor: Well, that's all up to you, but you should aim for about, um, 15 minutes total. That should include time for questions as well.

スクリプトの訳

学生と教授との会話の一部を聞きなさい。

学生：ケイン教授，昼食に行かれる前に質問してもよろしいでしょうか。

教授：いいですよ，ナオミ。あ，あててみましょうか。君たち全員がやらないといけないプレゼンについて知りたいのでしょう。

学生：ええ，あー，そうです。どうして分かったのですか。

教授：いやー，プレゼンについてクラスのみんなに説明していたとき，君がしかめっ面をしていたからです。このプレゼンをやるのはいやなんだなっていう合図でしたね。

学生：いえ，そんなこと！ すみません！ 私，不満だとか思っていたんじゃないんです。ただ，あー，プレゼンそのものがよく分からないものですから。もちろん，私はそんなこと…。

教授：いいんですよ，ナオミ。ちょっとからかっただけです。当惑していた様子は分かっていました。で，何について分からないのですか。

学生：ええと，あの，これはビジネスの授業なので，ビジネスに関するプレゼンをしなければならないんですよね。でも，その，私，仕事とかそのようなものをしていません。

教授：言わんとすることは分かりますが，授業でも言ったように，必ずしも完全にビジネスに関係している内容でなくてもいいんです。

学生：えっ，どういうことですか。

教授：前に言ったように，このプレゼンは今日，授業のビデオで見たようなビジネス分野のプレゼンに関係する専門用語を練習するためのものなんです。

学生：でも，あの人はビジネスマンで，会社でビジネスのプレゼンをやっていましたが。

教授：それもそうですが，私が強調しておきたいことは，プレゼンの組み立てや様式はビジネスで期待される標準に合わせる必要があるということです。もう一度配布資料を見てください。

学生：ええ，はい。ちょっと待ってください。はい，ありました。はい。

教授：どのプレゼンも何かしら丁重なあいさつで始める必要があります。例えば，あー，「今日，

ここに出席させていただき，大変うれしく存じます」とか。そして下の方，ここを見てください。えー，プレゼンの要約と締めに関する言葉と用語があるでしょう。

学生：ということは，この資料に書いてある通りにやるのであれば，もしそうしたければビジネス以外のトピックを選んでもいいのですね。

教授：その通り。そうしたら，将来，君が仕事で実際プレゼンをしなくてはならなくなったとき，少なくともプレゼンに期待される正しい用語は知っているということになります。分かりましたか。

学生：ええ。趣味とか，自分たちの経験したことでもいいと言っていましたよね。

教授：そうです。もう一度言いますが，分からなくなったら図書館へ行き，「ケイン教授のプレゼン・クラス」というラベルのついたビデオが見たいと頼みなさい。私は通常，学生が参照できるようにプレゼンテーションの授業のテープを取っているのです。

学生：えーっ!? 記録するんですか，そのー，フィルムとかに。

教授：いや，ビデオですが，はい。一部分であって，全部ではありません。だけど，今それについてうろたえなくてもいいですよ。まずは妥当なトピックを見つけるようにしなさい。そして，そこから話を進めましょう。

学生：あ，それからもう1つだけ。プレゼンの時間はどのくらいがいいですか。

教授：まあ，それは君に任せますが，全体で，えー，約15分を目標にしたらいかがでしょう。質問の時間も含めてです。

---

1 正解 Ⓒ

訳 学生はなぜ残っているのか。

Ⓐ トピックとビデオに誤りがないかを教授に見てもらうため
Ⓑ ビジネスとプレゼンのための正しい用語を知るため
Ⓒ プレゼンの要件についての情報をもっと知るため
Ⓓ 自分の趣味と経験について話すため

解説 下線部**1**に「プレゼンそのものがよく分からない」とあるように，プレゼンの要件について質問するためである。正解はⒸ。Ⓐ，Ⓑ，Ⓓについては言及がない。

---

2 正解 Ⓑ

訳 教授は学生が授業中に見せたしかめっ面について，本当はどう思っているか。

Ⓐ 学生が授業に失望していると思っている。
Ⓑ 学生が課題の本質を理解していないと推測している。
Ⓒ 学生がプレゼンをするのをいやがっているかもしれないと思っている。
Ⓓ 学生に早く仕事を見つけてほしいと思っている。

解説 教授は下線部**2-1**で「プレゼンをやるのはいやなんだなという合図だった」と言いながらも，その後下線部**2-2**で「ちょっとからかっただけで，当惑していた様子は分かっていた」と言っている。学生は課題を理解できていないのではないかと思っているのが教授の本心なので，正解はⒷ。Ⓒは初めに学生をからかうために言っただけなので，不適切。

3 正解 Ⓐ

> **訳** 学生は図書館で自分にとって役立つ何を見つけられるだろうか。

Ⓐ 以前のプレゼンの記録
Ⓑ ケイン教授が受け持つ学生のビジネス経験についてのフィルム
Ⓒ 彼女の学習に役立つ書籍
Ⓓ 参考文献のセクションにあるいくつかの目的にかなったトピック

> **解説** 下線部**3**で，教授は学生に，図書館へ行き，「ケイン教授のプレゼン・クラス」というビデオを見ることを勧めている。それはプレゼンテーションの授業のテープだと言っている。よって，正解は Ⓐ。

会話の一部をもう一度聞き，質問に答えなさい。（スクリプト1つ目の太字部分参照）

4 正解 Ⓒ

> **訳** 学生はなぜこのように言っているのか。（スクリプト破線部参照）

Ⓐ きまりの悪さを表すため
Ⓑ 十分に努力していないことを謝罪するため
Ⓒ 彼女のビジネス経験のなさを伝えるため
Ⓓ 適切なトピックを早く見つける決意を示すため

> **解説** この発言の前に学生は「これはビジネスの授業なので，ビジネスに関するプレゼンをしなければならないんですよね」と言っており，また下線部**4**では，授業で見たビデオについて「あの人はビジネスマンで，会社でビジネスのプレゼンをやっていましたが」と言っていることから，ビジネスについて話さなければならないと思い込んでおり，仕事をしていない自分はどうすればよいか教授に相談したいと思っていることが分かる。よって正解は Ⓒ。

会話の一部をもう一度聞き，質問に答えなさい。（スクリプト2つ目の太字部分参照）

5 正解 Ⓓ

> **訳** 教授について何が推測できるか。

Ⓐ 学生に難しい宿題を出し，罰したいと思っている。
Ⓑ 彼のクラスのほとんどの学生が仕事の経験があると考えている。
Ⓒ 学生に彼の授業でビジネス経験を身に付けてほしいと思っている。
Ⓓ 学生に撮影されることについて不安にならないでほしいと思っている。

> **解説** プレゼンをビデオに撮ることに驚いている学生に教授は，「今それについてうろたえなくてもいい。まずは妥当なトピックを見つけるように。そこから話を進めよう」と学生がやるべきことと自分が助けになることを伝えて安心させているので，Ⓓ が正解。

スクリプト

Listen to part of a lecture in a psychology class.

Professor: Today, **6-1** we'll discuss a topic that has intrigued sociologists for some time, which concerns...um...the effectiveness of our decisions. Imagine that you're working for, let's say, a type of business or governmental institution, and you're responsible for making a decision that will determine your institution's future success. So, tell me, would you rather make the decision on your own or collectively with your colleagues?

Student A: Well, personally, I'd consult with my colleagues before making such an important decision.

Professor: OK, and could you explain your rationale, that is, um...tell me why you would decide with your colleagues rather than on your own?

Student A: Well, you know, as they say...two heads are better than one.

Professor: So, basically, you're saying a group would produce a higher-quality decision because there is a wider variety of viewpoints, right?

Student A: Yes, exactly.

Professor: That's, um, a very logical reason. But, surprisingly, researchers have discovered the opposite to sometimes be true. **6-2** That is, rather than enhancing the quality of decisions, group decision-making can instead negatively affect it. In fact, researchers have found this to happen so often that they've come up with a specialized term to describe this phenomenon. They call this "groupthink." Um, it's basically a phenomenon among groups of people that results in poor decisions due to a desire to maintain harmony and avoid conflict within the group. **7-1** You see, group members try so hard to maintain positive group relations that they...how shall I put it...limit one another's ability to think outside the box, that is, um, to think creatively and independently on their own as individuals. And, worst of all, this inhibits group members from challenging one another's ideas and proposing different solutions to their problems.

Student B: Is groupthink a newly discovered phenomenon?

Professor: Well, actually the term was first coined in the 1950s by William H. Whyte, an American sociologist, who studied the interactions between people. But, um, it was Irving Janis, a researcher at Yale University, who began researching groupthink theory in the 1970s. And, Janis concluded that the greater the harmony among group members, the greater the danger that groupthink will inhibit individual critical thinking resulting in poor decisions.

Student B: Could groupthink explain the poor decisions of governments or companies?

Professor: That's an excellent question! In fact, some business experts believe that disastrous decisions that can be attributed to groupthink can badly threaten a major corporation's existence. Think about how major camera companies reacted to the increasing popularity of the digital camera, or when major beverage manufacturers decided to change the taste of their most popular drink. These bad decisions nearly killed these companies.

Though groupthink can lead to such awful decisions, this doesn't mean, of course, that we should prohibit groups from making decisions. Instead, 6-3 we should take steps to prevent groupthink so that groups can make effective decisions. But, um, to do this, we must first understand its causes. Irving Janis described three factors that can produce groupthink. 8 One of these is the situational context of the group. Um, for example, groups who must handle highly stressful situations that threaten their financial well-being, or possibly even their lives, are vulnerable to groupthink. Another factor that can prompt groupthink is the existence of structural faults within a particular group.

Student A: 9 By "faults," do you mean that the group's foundation is somewhat unstable as with a geological fault that causes earthquakes?

Professor: Yes, that's a good analogy. An example of such a structural fault would be, um, the barrier that does not give outsiders an opportunity to analyze and critique the group's decisions. This might reduce the quality of the group's decisions.

But, according to Janis, the most important factor that induces groupthink is group cohesiveness, which means the...um...bond or close relationship, if you will, between group members. You see, 7-2 this creates pressure on individual members to readily support one another's arguments without evaluating them objectively. In other words, members make judgments based on their positive feelings towards the group rather than on their own rational ideas. So, an effective group leader must understand these factors and take steps to prevent groupthink. Well then, what might be a good step?

Student B: 10-1 How about inviting someone from outside the group to give feedback about decisions?

Professor: That's a good idea. `10-2` In fact, Janis recommends having outsiders attend meetings and requiring each group member to consult with trusted individuals outside the group. Other recommended steps include, um, having several independent groups work on the same problem and assigning one group member the role of devil's advocate, meaning that this individual must critically evaluate and challenge each group decision. So, the good news is that, by taking such steps, group leaders can help their teams make high-quality decisions, while avoiding the, um, pitfalls of groupthink.

スクリプトの訳

心理学の講義の一部を聞きなさい。

教授：今日は，以前から社会学者たちが興味をそそられてきた話題，つまり，えー，我々の意思決定の有効性に関することについて話します。そうですね，例えばあなたが会社や政府の機関で働いていて，その機関の将来の成功を決めるような意思決定をする責任者だと考えてみてください。そこで，答えてください。あなたは自分だけで意思決定をする方がいいですか，それとも同僚たちと共同でする方がいいですか。

学生Ａ：そうですね，個人的には，そんな重要な決定をする前には同僚たちに意見を求めます。

教授：いいでしょう，では論理的な説明をしてくれませんか。えー，なぜあなたは自分の一存で決めるより，同僚たちと一緒に決めようと思うのですか。

学生Ａ：それはですね，一般に言われているように，1人より2人で考えた方が名案が浮かびますから。

教授：では，基本的にはグループの方が，より広くいろいろな観点があるので，より質の高い決定が生み出されるということですね。

学生Ａ：はい，その通りです。

教授：えー，非常に筋の通った理由ですね。しかし驚いたことに，研究者たちは時としてその反対が真実であるということを見つけ出しています。すなわち，集団での意思決定は，決定の質を高めるというより，むしろ負の効果を与えうるのです。事実，研究者たちはこのことがあまりに多く起こることが分かったので，この現象を表現する専門用語を考えついたのです。彼らはこれを「グループシンク（集団思考）」と呼びます。えー，それは基本的には，グループ内での協調性を保ち，衝突を避けたいと思うがゆえに，結果として質の悪い決定をしてしまうという，グループメンバーの間で起こる現象です。えー，グループのメンバーはグループ内の良好な関係を維持しようと努めるあまりに，…どう言えばいいか…，既成の枠組みにとらわれないで考えるというか，創造的に，個人として自分の力で独立して考えるというか，そういう能力をお互い制限し合ってしまうのです。そして一番困るのは，これが，グループのメンバーに，お互いの考えに異議を唱えたり，問題に対して別の解決方法を提案したりといったことをさせなくしてしまうのです。

学生Ｂ：グループシンクは新しく発見された現象ですか。

教授：そうですね，実際にこの語は1950年代に，人間のインタラクション（相互作用）を研究していたアメリカの社会学者，ウィリアム・Ｈ・ホワイトによって初めて作り出されました。しかし，えー，1970年代にグループシンクの理論の研究を始めたのはエール大学の研究者，アービング・

ジャニスでした。そしてジャニスは，グループメンバー間での協調性があればあるほど，グループシンクが個人の批判的な思考を抑制し，結果としてまずい決定が下される危険性が高くなると結論付けました。

学生Ｂ：グループシンク（理論）で，政府や企業が下してしまうまずい決定のことを説明できるでしょうか。

教授：素晴らしい質問ですね！ 事実，ビジネス専門家の中には，グループシンクに起因する破滅的な決定は大企業の存続を大いに脅かすと信じている人々もいます。カメラの大手企業が大きく普及してきたデジタルカメラにいかに反応したか，また大手の飲料製造会社がその会社の最も人気のあるドリンクの風味を変える決定をしたことを考えてみてください。このような悪い決定はこれらの企業をほとんどつぶしかけました。

グループシンクはそのような恐ろしい決定につながる可能性がありますが，このことはもちろん，グループに意思決定をさせるのを禁じるべきであるという意味ではありません。むしろ，我々はグループが効果的な決定を下せるように，グループシンクを防ぐための措置を取るべきなのです。しかし，えー，これを行うにはまずその原因を理解しなければなりません。アービング・ジャニスはグループシンクを引き起こしうる３つの要因を述べています。その１つはそのグループにある状況的な背景です。あー，例えば，自分たちの経済的安定を脅かすような，あるいは命の危険すらあるような大きなストレスのかかる状況に対処しなければならないグループは，グループシンクに陥りやすいですね。グループシンクを引き起こしうる別の要因は，ある特定のグループにあるフォールト（構造的欠陥）です。

学生Ａ：先生のおっしゃる「フォールト（欠陥）」とは，グループの土台が，地震を引き起こす地質学的なフォールト（断層）と同様に，いくぶん不安定という意味ですか。

教授：そうです，それはいい例えですね。そのような構造的欠陥の一例として，えー，外部の人間には，グループの決定を分析したり，批評したりする機会を与えないという障壁があります。これにより，グループの決定の質が低下してしまう可能性があります。

しかしジャニスによれば，グループシンクを引き起こす最も重要な要因は，グループの結束力，えー，それは，いわばグループメンバー間の絆というか密接な結び付きだということです。いいですか，これが個々のメンバーに対して，互いの意見を客観的には評価せずに，快く支持しなければならないという圧力をかけてしまうのです。言い換えれば，メンバーたちは，自身の合理的な考えを基にしてというよりは，むしろグループに対する肯定的な感情を基にして判断してしまうのです。したがって，効果的なグループリーダーはこれらの要因を理解し，グループシンクに陥らないための措置を取らなければなりません。それでは，良い措置とは何でしょう。

学生Ｂ：その決定について意見を述べてもらうよう外部の人に頼むというのはどうでしょうか。

教授：それはいい考えですね。実際にジャニスは，外部の人に会議に出席してもらうこと，そしてグループの各メンバーには外部の信頼できる人の助言を求めるように命じることを勧めています。その他の推奨できる措置としては，えー，同じ問題にいくつかの別のグループに取り組ませ，各グループの中で１人のメンバーに"故意に反対の立場を取る人"の役割を負わせるというものです。すなわち，この役割の人は１つ１つのグループの決定について，批判的評価をし，異論を唱えなければならないのです。ですから，ありがたいことに，そのような措置を取ることにより，グループリーダーたちは，えー，グループシンクの落とし穴を避けながら，自分のグループに質の高い決定をさせることができるというわけです。

6 正解 （C）

訳 この講義の主なトピックは何か。

（A） なぜ個人が意思決定するのは難しいのか

（B） グループシンクの始まりについてのさまざまな理論

（C） グループシンクの危険性とその回避方法

（D） 意思決定においてグループの協調性を保つこと

解説 教授は講義の冒頭，下線部 **6-1** で「我々の意思決定の有効性に関することについて話す」と述べて，個人での決定と集団による決定とどちらがいいかという問題を提起している。下線部 **6-2** で「集団での意思決定は，負の効果を与えうる」と述べ，その後この現象がグループシンクと呼ばれていること，そしてそれがもたらす負の効果について説明している。また中盤，下線部 **6-3** では「グループが効果的な決定を下せるように，グループシンクを防ぐための措置を取るべき」と述べている。すなわち，グループによる決定は危険性を伴うが，その危険に陥らないための方法があると論じている。よって，正解は （C）。

7 正解 （D）

訳 講義によれば，グループの協調性が増すにつれて何が起こる可能性が高いか。

（A） グループメンバーは既成の枠組みにとらわれない考え方を始める。

（B） グループは集合体としてより良い意思決定をする。

（C） 批判的な思考が促進される。

（D） グループメンバーは互いに批判的ではなくなる。

解説 下線部 **7-1** で教授は「グループ内の良好な関係を維持しようと努めるあまり，お互いの考えに異議を唱えたり，別の解決方法を提案したりしなくなる」と述べている。また，下線部 **7-2** でも「（グループの結束力は）個々のメンバーに対して，互いの意見を客観的には評価せずに，快く支持しなければならないという圧力をかける」と述べている。正解は （D）。

8 正解 Yes （A） （C） No （B）

訳 教授はグループシンクを引き起こす要因として，グループの状況的な背景を挙げている。以下の要因のどれが状況的な背景に関係するか示しなさい。

それぞれの語句について，正しいボックスをクリックしなさい。

（A） 金の心配

（B） 外部の意見からの隔離

（C） 安全に対しての脅威

解説 教授は下線部 **8** で，グループシンクを引き起こしうる要因としてグループにある状況的な背景を挙げ，例として「自分たちの経済的安定を脅かすような状況」と「命の危険すらあるような状況」を挙げている。よって，（A） と （C） は Yes。（B） は構造的欠陥の例なので No。

訳 教授によれば，地震を起こす要因とグループシンクを引き起こす要因はどのように類似しているか。

(A) どちらも予想通りには起きない。

(B) どちらも内在する脆弱性を象徴している。

(C) どちらも扱いにくい。

(D) どちらも大きな害を引き起こす。

解説 下線部**9**で学生が，グループの土台にある構造的欠陥と地質学的な断層を挙げて，「どちらもいくぶん不安定ということか」と問いかけると，教授は「それはいい例えだ」と答えている。どちらも土台に危険性があることを示しているので，正解は**B**。

---

10 正解 **D**

訳 グループシンク問題に対処するために，専門家たちは何を提案しているか。

(A) グループは意思決定の責任を個人に委ねるべきだ。

(B) 個々人は互いについて，より肯定的に考えるべきだ。

(C) 労働者は一度に2つ以上の問題に重点的に取り組むべきではない。

(D) 企業は自分たちの決定を評価するのに社外の人に頼むべきだ。

解説 教授がグループシンクに陥る重要な要因である「グループの結束力」について説明した後で，それを阻止する措置として，学生が下線部**10-1**で「(グループの) 決定について意見を述べてもらうよう外部の人に頼む」ことを提案したのに対し，教授は「いい考えだ」と述べ，続けて下線部**10-2**で「外部の人に助言を求めるべきだ」というジャニスの見解に言及している。よって，正解は**D**。

講義の一部をもう一度聞き，質問に答えなさい。（スクリプト太字部分参照）

11 正解 **B**

訳 教授はなぜこのように言っているのか。

(A) グループに決定させることに対して警鐘を鳴らすため

(B) グループによる意思決定は必ずしも悪くはないことを明らかにするため

(C) グループシンクを止めるためにグループ決定を避けるように提案するため

(D) グループシンクはグループにとって良くないことを説明するため

解説 教授は，「グループに意思決定をさせるのを禁じるべきというのではなく，効果的な決定を下せるように，グループシンクを防ぐための措置を取るべき」と述べているので，グループによる意思決定を否定しているわけではないことが分かる。よって，正解は**B**。**A**，**C**，**D**はどれもグループシンクに否定的なので不適切。

Final Test **2**

■解答一覧　p.246
■解答・解説 p.247 ～ 271

 track 180-185

Now get ready to answer the questions.
You may use your notes to help you answer.

1 Why has the student come to see the professor?
- Ⓐ To learn the difference between expository and creative writing
- Ⓑ To show the professor the first draft of his essay
- Ⓒ To discuss some important events in his life
- Ⓓ To request clarification regarding an assignment

2 What is true about expository writing based on the conversation?

> Click on 2 answers.

- Ⓐ It requires students to write from a personal viewpoint.
- Ⓑ Almost all college writing assignments require it.
- Ⓒ The use of the first person is discouraged.
- Ⓓ It emphasizes the importance of students' experiences.

3 According to the professor, what was wrong with the first essay topic the student proposed?
- Ⓐ It was too wide in its scope of time.
- Ⓑ It was unrelated to the assignment.
- Ⓒ It was too specific.
- Ⓓ It was not interesting enough.

4 Which one of the following did the professor NOT say the body of the essay should include?

- (A) A description of a problem
- (B) A variety of details
- (C) A sentence that connects to the introduction
- (D) A narration of events in chronological order

Listen again to part of the conversation.
Then answer the question.

5 What can be inferred about the student?

- (A) The student only has a few friends now.
- (B) The student has had positive relationships on campus.
- (C) The student is easily influenced by his friends.
- (D) The student had hardly any friends in high school.

Anthropology

Now get ready to answer the questions.
You may use your notes to help you answer.

6 What is the lecture mainly about?
  Ⓐ What tools were used to make ancient textiles
  Ⓑ What conditions are ideal for the preservation of fossils
  Ⓒ How long ago humans started wearing shoes
  Ⓓ Which shoe designs were first manufactured

7 Why does the professor mention Alexander the Great?
  Ⓐ To identify the shift from textiles to leather in shoemaking
  Ⓑ To identify the earliest surviving shoe design
  Ⓒ To give an example of how the use of shoes spread
  Ⓓ To argue that shoes aren't necessary for survival

8 What does the professor say about the shoes discovered in Oregon and Armenia?
  Click on 2 answers.
  Ⓐ They were not made of material that decays easily.
  Ⓑ Their designs were very simple.
  Ⓒ They were buried by material that preserved them.
  Ⓓ They provide evidence about the foot shape of those who wore them.

9 What does the professor say is a problem with using needles and spindle whorls to study shoe history?
- (A) Most shoes excavated were not sewn together.
- (B) They can be used to make other objects.
- (C) Few tools have been found at the same site as shoes.
- (D) Tools indicate nothing about foot structure.

10 How does the professor say wearing shoes may result in narrower toe bones?
- (A) Shoes squeeze the foot bones closer together.
- (B) Shoes cushion the foot when it hits the ground.
- (C) Feet in shoes bend less when walking.
- (D) Societies that use shoes do less walking.

Listen again to part of the lecture.
Then answer the question.

11 What does the professor imply?
- (A) The students should already know the answer.
- (B) The oldest shoes found are not made of textiles.
- (C) They will return to the study of textile history soon.
- (D) There are few problems with studying textile history.

Art

• *The Frugal Repast*
• *Family of Saltimbanques*

Now get ready to answer the questions.
You may use your notes to help you answer.

12 What is the main purpose of the lecture?
- Ⓐ To detail stages of Picasso's work
- Ⓑ To compare Picasso's art from Spain with his art from France
- Ⓒ To explain how colors affected Picasso's emotions
- Ⓓ To describe Picasso's preferences for colors

13 What do *The Frugal Repast* and *Family of Saltimbanques* have in common?
- Ⓐ Both were painted in the same year.
- Ⓑ Both were painted in France.
- Ⓒ Both conveyed a sense of suffering.
- Ⓓ Both depicted a scene with people in it.

14 Which of the following statements is NOT true concerning Picasso?
- Ⓐ He produced art using various media.
- Ⓑ He stayed in Spain during the Blue Period.
- Ⓒ He experienced new kinds of art while in Africa.
- Ⓓ He helped invent a new style of painting.

15 What was the theme of the two paintings, mentioned by the professor, from the African-influenced Period and the Cubism Period?

(A) War

(B) Social activity

(C) Women

(D) Nature

16 Which statement best describes the professor's opinion regarding Picasso's early years?

(A) His most important work was in developing a new style of art.

(B) All of Picasso's work was equally important.

(C) His most interesting work happened during the Blue and Rose Periods.

(D) The African-influenced Period forever changed his art style.

Listen again to part of the lecture.
Then answer the question.

17 What does the professor say about Picasso?

(A) Picasso did not really like to do other types of art besides painting.

(B) Picasso cared more about the quality than the quantity of his paintings.

(C) Picasso was capable of doing many kinds of artwork other than painting.

(D) Picasso should have done other kinds of art more often.

Now get ready to answer the questions.
You may use your notes to help you answer.

1 Why has the student come to see the professor?
  (A) To get advice on nutrition
  (B) To criticize fast food in society
  (C) To observe a sedentary job
  (D) To ask about a previous class

2 According to the professor, which of the following factors does NOT contribute to obesity?
  (A) Smoking
  (B) Certain types of jobs
  (C) Food choices
  (D) Lack of physical activity

3 Based on the conversation, what are the benefits of fast food?
  Click on 2 answers.
  (A) It is a convenient food option for some families.
  (B) One meal easily supplies a whole day's calories.
  (C) It can be consumed at a low price.
  (D) It provides us with enough energy to walk for six hours.

4 Which statement best describes the professor's opinion regarding obesity?
  (A) Its main cause is the increase in sedentary jobs.
  (B) It can solely be blamed on fast food.
  (C) It is caused by the use of computers.
  (D) It is difficult to say what the main cause is.

Listen again to part of the conversation.
Then answer the question.

5 What is the professor trying to say about fast food?

(A) Its effects on health are similar to desserts like pie.

(B) It is getting less popular due to its health risks.

(C) It is one big cause of obesity.

(D) It alone helps us understand why people become obese.

Engineering

•refrigerant

Now get ready to answer the questions.
You may use your notes to help you answer.

6 What is this lecture mainly about?
(A) Refrigerants and how they function in cooling systems
(B) Refrigerants and the dangers they pose to the environment
(C) Air conditioning systems and why they are popular
(D) High pressure gas canisters and their many uses

7 What does the professor say about the pressure required to turn R-134a into a liquid?
(A) It requires extremely high temperatures to accomplish.
(B) Heavy containers are required to keep it from leaking.
(C) The gas can liquefy without a lot of pressure.
(D) If pressurized too much it can turn back into a gas.

8 Why did the professor mention compressed air canisters used for cleaning computers?
(A) To warn about how refrigerants can be environmentally harmful
(B) To provide an example of a similar phenomenon to the one being discussed
(C) To mention an exception to the process mentioned earlier
(D) To show how chemicals can react in ways that create heat energy

9 According to the lecture, which air conditioning part must be put inside a building to have the correct effect?

   Ⓐ The condenser
   Ⓑ The evaporator
   Ⓒ The expansion valve
   Ⓓ The compressor

10 In the lecture, the pressures and temperatures of refrigerants in the air conditioning process are described. Put the following sequence in correct order, starting from the refrigerant leaving the compressor.

> Click on a phrase. Then drag it to the appropriate space where it belongs.

   Ⓐ High Pressure, Medium Temperature
   Ⓑ High Pressure, High Temperature
   Ⓒ Low Pressure, Low Temperature

1 [＿＿＿＿＿＿＿]
2 [＿＿＿＿＿＿＿]
3 [＿＿＿＿＿＿＿]

Listen again to part of the lecture.
Then answer the question.

11 What does the professor mean when he says this: 🎧

   Ⓐ He wants to carefully explain a difficult concept.
   Ⓑ He needs to repeat a point he made earlier on.
   Ⓒ He feels the next explanation is the lecture's most important point.
   Ⓓ He is concerned the students might do something dangerous.

Answer Keys

解答一覧

Final Test 2

246

スクリプト

Listen to a conversation between a student and a professor.

Professor: Ah, good afternoon, Pedro. Please come on in and have a seat.

Student: Thank you, Professor Schaeffer.

Professor: So, what can I help you with, Pedro?

Student: **1** I have some questions about our essay assignment, the one due in two weeks. I'm afraid that I don't understand the instructions very well.

Professor: I see. Well then, tell me what you find hard to understand about the assignment so I can help clear things up for you.

Student: Um, first of all, it says that we should write the essay in the first person. I don't get the meaning of this.

Professor: This simply means that you should write your essay from a personal point of view using the words I, my, and me.

Student: Oh, really? That's surprising to me because I was taught that I should avoid using those words when I write papers in college.

Professor: You're right, Pedro. That's usually the case. **2-B** Most college writing assignments require students to do expository writing. **2-C** With this type of writing, students are expected to explain and analyze information without using the first person. But, um, this particular course emphasizes creative writing, which allows students to write from a more personal perspective. This is a personal narrative essay in which you must choose an important experience from your own life to write about.

Student: I see. Hmm…I wonder what kind of topic I should choose. Could you please give me some examples?

Professor: Well, for example, you could…um…write about an important childhood event of yours or about a goal that you achieved or even failed to achieve. Another idea would be to write about some kind of important change in your life.

Student: Oh, I see. In that case, maybe I could write about how I changed during my first two years as an exchange student at this college?

Professor: You have the right idea, Pedro. But **3** that topic is too broad for this essay. You see, two years is quite a long time. Try to limit your topic to a more specific event or change that you experienced at this college. For example, um, you might write about your first day of classes at this college or about an experience that was especially difficult, surprising, or happy for you.

Student: OK. I think I understand more clearly now. Um, what if I wrote about the first time I made new friends at this college and how it influenced my way of thinking and helped me adjust to life on campus?

Professor: Now that sounds like a good topic. It's more specific and clearly important to you.

Student: Professor, um, could you please briefly explain again how I should structure this paper? I want to make sure I understand that.

Professor: Sure, Pedro. First of all, in the introduction, you need to state your topic and focus on getting the reader's attention. And, um, the last sentence of the introduction needs to tell what was important about this experience to you. Next, uh, **4-A** in the body, you need to describe a problem you were facing and how you felt.

Student: So, maybe I could write about how meeting new friends was difficult for me and how nervous I felt at that time?

Professor: Um, yes, that would work well. **4-B** And be sure to explain the scene with many details and write your narrative in chronological order.

Student: Chronological order? What do you mean?

Professor: In other words, **4-D** you need to write the narrative in the order in which the events of this situation happened. OK?

Student: Oh, I see.

Professor: Lastly, in the conclusion, you must emphasize what you learned from this experience. That is, explain why it was so important to you. Also, um, **4-C** please remember to connect the conclusion to the last sentence of the introduction. Have you got that?

Student: Yes, Professor Schaeffer. Thank you so much for your time and help. I really appreciate it.

学生と教授との会話を聞きなさい。

教授：あら，こんにちは，ペドロ。入ってお掛けなさい。

学生：ありがとうございます，シェファー教授。

教授：それで，どんな用件ですか，ペドロ。

学生：作文の宿題について質問があるんですが，2週間後に締め切りのものです。指示があまりよく分からないのです。

教授：なるほど。じゃあ，解決のお手伝いができるよう，宿題のどこが分かりにくいのか言ってみなさい。

学生：うーん，まず，作文は the first person（一人称）で書かないといけないと言っていますが，この意味が分かりません。

教授：これは単に，作文は，I, my, me といった言葉を使って，個人的な観点から書かないといけないという意味です。

学生：ああ，そうなんですか。それは私にとっては驚きです。というのは，大学でレポートを書くときはそういった言葉を使うのは避けるべきだと教えられたからです。

教授：その通りですよ，ペドロ。通常の場合はそうです。大学のほとんどの作文の課題は，学生に解説的な作文を書くように要求しています。この種の作文では学生は一人称を使わずに情報を説明したり分析したりするよう求められます。しかし，えー，この講座では，創作的な作文を重視していて，学生はより個人的見解から書くことが認められているのです。これは個人的なことを語る作文で，自分自身の人生の中から重要な経験を選んでそれについて書かなければいけないのです。

学生：なるほど，うーん，どのようなテーマを選んだらいいのかな。例をいくつか挙げていただけませんか。

教授：そうですね，例えば，えー，自分自身の子供時代の重要な出来事についてとか，あなたが達成した，あるいはむしろ達成できなかった目標についてとか。あなたの人生における何か重要な変化について書くのも，また1つの考えでしょうね。

学生：ああ，分かりました。それなら，この大学の交換留学生としての最初の2年間でどう自分が変わったかについて書くことができるかと思います。

教授：いい線いってますよ，ペドロ。だけど，そのテーマだと，今回の作文ではあまりに範囲が広すぎますね。いいですか，2年は相当長い時間ですよ。あなたがこの大学で経験したもっと特定の出来事とか変化に，テーマを限定してみなさい。例えば，あなたはこの大学での最初の授業の日について書けるだろうし，あなたにとって特に難しかったとか，驚いたとか，あるいはうれしかった経験などについて書くこともできるでしょう。

学生：分かりました。よりはっきり理解できてきたと思います。えー，この大学で初めて新しい友達ができたときのことや，そのことがいかに私の考え方に影響を与え，大学生活に順応する上で助けとなってくれたかについて書くのはどうでしょうか。

教授：そう，それは良さそうなテーマですね。より具体的で，あなたにとって明らかに重要ですよね。

学生：教授，あー，この作文をどのように構成したらいいか，もう一度簡単に説明していただけますか。しっかり理解しておきたいんです。

教授：もちろんですよ，ペドロ。まず，導入部でテーマを述べて，読み手の注意を引き付けることに意識を向けなくてはいけません。そして，えー，導入部の最後の文では，この経験で何があなたにとって重要だったのかを述べる必要があります。次に，えー，本論では，直面していた問

題とどのように感じたかを説明する必要があります。

学生：では，新しい友達に出会うのは私にとっていかに難しく，当時いかに緊張したかについて書けるのではないかと思うのですが。

教授：ええ，そう，それはうまくいくでしょう。そして，その場面については具体的な事柄をたくさん挙げて説明し，あなたの話を時系列で書くようにしなさい。

学生：時系列？　それはどういう意味ですか。

教授：言い換えれば，この状況の出来事が起きた順番に話を書いていく必要があるということです。いいですか。

学生：ああ，分かりました。

教授：最後に，結論では，この経験から何を学んだかを強調しなければいけません。すなわち，なぜそれがあなたにとってそんなに重要だったのかを説明するのです。それと，えー，結論と導入部の最後の文につながりがあるようにするのを忘れないでください。分かりましたか。

学生：はい，シェファー教授。お時間をとって助けていただき，ありがとうございました。本当に感謝しています。

---

1 正解 (D)

訳 学生はなぜ教授に会いに来たか。
(A) 解説的な作文と創作的な作文の違いを知るため
(B) 教授に作文の初稿を見せるため
(C) 彼の人生におけるいくつかの重要な出来事について話すため
(D) 宿題に関して明確な説明を求めるため

解説 下線部**1**で学生は「作文の宿題について質問がある。指示があまりよく分からない」と言っているので，正解は (D)。

---

2 正解 (B) (C)

訳 この会話に基づくと，解説的な作文について正しいものはどれか。

答えを2つクリックしなさい。

(A) 学生は個人的観点から書く必要がある。
(B) ほとんどすべての大学の作文課題はそれを要求する。
(C) 一人称の使用は認められていない。
(D) 学生自身の経験の重要性を強調している。

解説 (B) については下線部**2-B**に「大学のほとんどの作文の課題は，学生に解説的な作文を書くように要求している」とある。(C) については下線部**2-C**で「この種の作文では学生は一人称を使わずに」書くことが求められていると説明されている。よって，正解は (B) と (C)。(A) と (D) は課題で出された創作的な作文の書き方。

3 | 正解 Ⓐ

訳 教授によると，学生が提案した最初の作文のテーマは何が悪かったのか。

Ⓐ その時間の範囲があまりに広すぎた。

Ⓑ 課題とは関係がなかった。

Ⓒ あまりに具体的すぎた。

Ⓓ 十分に面白くなかった。

解説 「大学の交換留学生としての最初の2年間でどう自分が変わったかについて書ける」と提案したペドロに対し，教授は下線部 3 で「そのテーマだと，範囲が広すぎる。2年は相当長い時間だ」と言っている。よって，正解は Ⓐ。

4 | 正解 Ⓒ

訳 作文の本論に含まれるべきことについて教授が述べていないのは，以下のうちどれか。

Ⓐ 問題の説明

Ⓑ さまざまな具体的情報

Ⓒ 導入部につながる文

Ⓓ 時系列で書かれた出来事の話

解説 Ⓐ については下線部 4-A に「本論では，直面していた問題とどのように感じたかを説明する必要がある」とある。Ⓑ は下線部 4-B の前半に「場面については具体的な事柄をたくさん挙げて説明」とある。Ⓓ は下線部 4-B の後半で「話を時系列で書きなさい」と言った後で，さらに下線部 4-D で言い換えて「この状況の出来事が起きた順番に話を書いていく必要がある」と続けている。Ⓒ については下線部 4-C から，導入部の最後の文につなげるのは結論であり，本論ではないことが分かる。よって，正解は Ⓒ。

会話の一部をもう一度聞き，質問に答えなさい。（スクリプト太字部分参照）

5 | 正解 Ⓑ

訳 学生について何が推測できるか。

Ⓐ 今は友達がほんの少ししかいない。

Ⓑ 大学で良い関係を築いてきた。

Ⓒ 友達に影響されやすい。

Ⓓ 高校ではほとんど友達がいなかった。

解説 学生は「この大学で初めて新しい友達ができた」こと，そして「そのことがいかに自分の考え方に影響を与え，大学生活に順応する上で助けとなってくれたか」について述べていることから，学生は大学で友達と良い関係を築いてきたことがうかがえる。よって，正解は Ⓑ。

スクリプト

Listen to part of a lecture in an anthropology class.

We've been talking about the overall history of textile production and the evidence researchers have used to try to trace it back to its origins, and, well, **6** today I'd like to take a slight detour and look into a more specific question that I think is fascinating. The question is, when did people start wearing shoes?

After all, shoes are like a lot of other technologies: **7-1** they're useful, but we can live without them. There are tribes even today that don't traditionally wear shoes. Of course, they tend to live where the ground doesn't get scorching hot in summer or frozen in winter, and where you can easily avoid sharp rocks when you walk. **7-2** But, I mean, Alexander the Great conquered an empire of two million square miles, and he and his warriors are said to have fought barefoot. So anthropologists have been asking when our ancestors first figured out how to make coverings that protected the feet from temperature and cuts.

Now, one reason ancient shoemaking is hard to study is something we've discussed about textiles in general, namely, that the animal and plant materials used are very perishable. Wood, linen, cotton, animal hides…they all tend to decay over time. It's only when they've been immediately sealed off under a preserving layer of soil or mud or rock that field archaeologists can retrieve them.

The oldest shoes that survive were excavated from the Fort Rock Cave in the state of Oregon. **8-C-1** They're about 10,000 years old, and they were buried under ash when the volcano Mt. Mazama erupted around 8,000 years ago. That's why they were preserved. The shoes at Fort Rock Cave are sandals, basically, with both the uppers and the soles made of fibers from the bark of the sagebrush tree. **8-B-1** It's a very simple design—a sole, a toe covering, and what they think is a fastener that went over the ankle.

8-B-2 An even simpler design was used for the oldest leather shoe researchers have excavated. It's much more recent—only about 5,500 years old—and it was found in a cave in western Asia, in what's now Armenia. It's a single piece of hide, shaped like a bag that goes over the foot, and then it's sort of laced up the front with a thin strap of hide. Very basic. **8-C-2** The cave is cool and dry, and the shoe was buried under a thick

252

layer of dirt. So it was in almost perfect condition when it was discovered.

So those are the oldest shoes of their kind that we've found at archaeological sites, but of course, that doesn't mean they were the first shoes made. Maybe all the older ones decayed. When we were studying textiles, how did we say researchers got around that problem? That's right, they looked for other artifacts associated with them. For example, if you find needles, you can be pretty certain there was sewing going on, either of cloth or of hides. And if you find spindle whorls, you know that they were spinning fibers into yarns, which implies that they were weaving or braiding.

Now, here's the thing: **9** you can use a needle to sew things together for any use, and you can use a spindle whorl or a loom to make yarn and textiles for anything, too. So finding those objects at a site doesn't really tell us whether those who occupied it were making shoes. It could have been anything, right?

Because of that, researchers looking into the history of shoes have had to approach things from a different angle altogether. One scholar started looking at the morphology of the foot—that is, at its shape and proportions. **10** He proposed that when people began walking with shoes, the insulation from direct contact with the ground caused the bones of our middle toes to grow narrower. You know, when your feet aren't striking the hard ground directly, you don't need really thick bones to stand up to the force. Your bones grow differently as a result. So using that working theory, he and his team studied fossil evidence. They were looking for skeletons with the smaller middle toes you'd expect in people who habitually wore shoes. And they found evidence that shoe wearing may have started as much as 40,000 years ago.

スクリプトの訳

人類学の講義の一部を聞きなさい。

　これまで織物生産の全体的な歴史，およびその起源の由来をたどろうとするため研究者たちが利用してきた物証について話してきましたが，えー，今日は少し寄り道をして，私が魅力的だと思う，より具体的な疑問について吟味したいと思います。その疑問とは，人間はいつ靴を履き始めたのかということです。

　結局，靴は他の多くの科学技術と同じようなものです，すなわち，靴は有用ですが，なくても生活できます。今日においてさえ慣例的に靴を履かない部族がいます。もちろん彼らは，夏に焼けつくように熱くなることはなく，冬に凍りつくようなことのない，そして歩くときに鋭い石を簡単に避けられるような土地に住む傾向にあります。しかし，私が言いたいのは，アレキサンダー大王は200万平方マイルに及ぶ帝国を，彼と彼の兵士は裸足で戦い取ったと言われています。そこで，人類学者たちは，我々の先祖が温度や切り傷から足を守るカバーの作り方を最初に理解したのは

いつか，ということを問い続けてきました。

　さて，古代の靴作りの考察が難しい理由の1つは，織物に関して，全般的に話してきたことですが，つまり，使われている動植物素材が非常に朽ちやすいということです。木，リネン，綿，獣皮など…これらはすべて時間の経過とともに朽ちる傾向にあります。それらがすぐに土壌，泥，岩石などの保存地層に密閉された場合にのみ，野外考古学者たちはそれらを回収することができます。

　現存する最も古い靴はオレゴン州のフォートロック洞窟で発掘されたものです。靴は約1万年前のもので，約8,000年前にマザマ火山が噴火したときに灰に埋もれました。だから保存されたのです。フォートロック洞窟の靴は基本的にはサンダルで，上部と足底は両方ともヤマヨモギの樹皮で作られています。それは，とてもシンプルな作りで，つまり，足底，つま先の覆い，そして彼らが留め具と考えていた足首を覆うもの，です。

　研究者たちが発掘した最も古い革靴は，さらにシンプルな作りになっていました。それは，より新しい年代—わずか約5,500年くらい前—のもので，現在のアルメニアにあたる，西アジアの洞窟で発見されました。それは1枚の獣皮で，足を覆うバッグのような形をしており，さらに細い皮ひもで前部を縛っているようなものです。極めて基本的です。その洞窟は涼しくて乾燥しており，靴は厚い地層の泥に埋まっていました。ですから，それが発見されたとき，ほとんど完全な状態だったのです。

　このように，それらの靴は考古学的遺跡で見つかった同種のものでは最も古い靴ですが，もちろんそれが最初に作られた靴という意味ではありません。たぶんそれより古いものはすべて朽ちたのでしょう。我々が織物について学習していたとき，我々はどのように研究者たちがこの問題を解決していたと言っていましたか。そうです，彼らはそれに関連した他の人工遺物を探したのです。例えば，針を見つけたとしたら，布や獣皮の縫製が行われていたことをかなり確信することができるでしょう。もし紡錘車を見つけたとしたら，彼らは繊維を紡いで糸にしていたことが分かり，それは彼らが織ったり編んだりしていたことを暗に意味します。

　ところで，ここで1つ大事なことがあります。針はどのような目的の縫物にも使えますし，またどのような目的でも紡錘車や織機を使って糸を紡いだり織物を織ることもできます。だからそれらの物を遺跡で見つけたからといって，そこで生活していた人たちが靴を作っていたかどうかは実際は教えてくれません。それは何であってもおかしくはないわけでしょう？

　それゆえに，靴の歴史を調査する研究者たちは全く違う観点から問題に取り掛からなければなりませんでした。ある学者は足の形態を調べるところから始めました，すなわち，その形と寸法です。彼は，人が靴を履いて歩き始めたとき，地面と直に接触するのを防ぐ保護材は足の中指の骨を細くした，と提唱しました。えー，もし足が地面を直接強く打ちつけなくなると，物理的な力に耐えるための極太の骨は必要なくなります。その結果，骨の成長は違ってきます。そしてその当座の理論を使い，彼とそのチームは化石の物証を調査しました。習慣的に靴を履く人々に予想できる小さめの足の中指の骨を探しました。そして彼らは，靴を履くことは4万年も前から始まったであろうと思われる証拠を発見しました。

6 正解 ⓒ

> **訳** この講義は主に何についてか。
> Ⓐ 古代の織物を作るのにどのような道具が使われたか
> Ⓑ 化石の保存にはどのような条件が理想的か
> Ⓒ どのくらい前に人類が靴を履き始めたか
> Ⓓ どの形の靴が最初に作られたか

> **解説** 下線部 **6** で，教授は今日の講義では「人間はいつ靴を履き始めたのか」という疑問について話すと述べているので，正解は ⓒ。

7 正解 Ⓓ

> **訳** 教授はなぜアレキサンダー大王に言及したのか。
> Ⓐ 靴作りにおいて，織物から革への変化を明確にするため
> Ⓑ 最も初期の現存する靴のデザインを明確にするため
> Ⓒ 靴の使用がどのように広まったかの例を挙げるため
> Ⓓ 生き残るために靴は必要なものではないと論じるため

> **解説** 下線部 **7-1** に，「靴は有用だが，なくても生活できる」とあり，また下線部 **7-2** で，アレキサンダー大王と彼の兵士は帝国を裸足で戦い取ったと述べており，裸足でも戦いを勝ち抜けるという例を挙げている。よって，正解は Ⓓ。

8 正解 Ⓑ Ⓒ

> **訳** オレゴンとアルメニアで発見された靴について教授は何と言っているか。
> 答えを2つクリックしなさい。
> Ⓐ それらは朽ちやすい素材では作られていなかった。
> Ⓑ それらのデザインは非常に簡単なものであった。
> Ⓒ それらはそれを保存していた物質に埋もれていた。
> Ⓓ それらを履いた人の足型についての証拠を提供した。

> **解説** Ⓑ については下線部 **8-B-1**，**8-B-2** で，Ⓒ については下線部 **8-C-1**，**8-C-2** で言及されている。よって，正解は Ⓑ と Ⓒ。

9 正解 **B**

訳 靴の歴史の研究で針と紡錘車を用いるのは何が問題であると教授は言ってるか。

A 発掘された靴の大部分は縫って作られたものではない。

B それらは他のものを作るために使用することができる。

C 靴が発掘されたのと同じ遺跡では道具がほとんど見つかっていない。

D 道具は足の構造について何も教えてくれない。

解説 下線部**9**で，教授は遺跡で見つかった針や紡錘車などの道具が使われた目的は分からず，靴以外のものを作るためにも使用できることについて話しているため，正解は**B**。**A**，**C**，**D**については言及されていない。

10 正解 **B**

訳 靴を履くと，どのように結果的に足指の骨が細くなると教授は言っているか。

A 靴が足の骨をきつく締めつける。

B 足が地面にあたったときに靴が足の衝撃を緩和する。

C 歩くとき，靴の中で足はあまり曲がらない。

D 靴を使用している社会では歩行が少ない。

解説 下線部**10**で，教授はある学者が提唱した「靴を履いて歩き始めたとき，地面と直に接触するのを防ぐ保護材は足の中指の骨を細くした」という説を紹介している。ここから，正解は**B**。

講義の一部をもう一度聞き，質問に答えなさい。（スクリプト太字部分参照）

11 正解 **A**

訳 教授は何をほのめかしているのか。

A 学生は答えをすでに知っているはずである。

B 発見された最も古い靴は織物製ではない。

C 彼らはすぐに織物の歴史の学習に戻るだろう。

D 織物の歴史研究にはほとんど問題がない。

解説 教授はまず問いかけで以前織物について学習したときについて触れ，続いてThat's right「そうです」と言い，このような場合，研究者たちは関連した人工遺物を探したと述べている。教授がすでに以前の講義で学生に話していることが問いかけに対する答えだと分かるので，正解は**A**。

スクリプト

Listen to part of a lecture in an art class.

Professor: Today, I'll be talking about the most influential artist of the 20th century. Can anyone tell me who that would be?

Student A: Um, surely that would be Pablo Picasso, right?

Professor: Bingo! Well, Pablo Picasso was born in Spain in 1881 and learned to paint as a child from his father, who was an art teacher. **And, um, during his lifetime, he produced tens of thousands of works of art such as sculptures, ceramics, drawings, and paintings until his death in France in 1973. Picasso's preferred medium was painting, but his artistic works were diverse and included a broad range of different styles.** 12 Today, um, I'd like to focus on Picasso's paintings during the early years of his career from 1901 until about 1912. You see, art historians have divided Picasso's work during this time into four different periods. And, um, the first period is now referred to as the Blue Period, which lasted from 1901 to 1904.

Student A: Blue Period? Hmm...was that because Picasso became ill or something during this time?

Professor: Um, not physically ill. But it seemed that he was somewhat depressed during this time. So, um, most of his paintings were done in a blue tone, which conveyed a sense of gloominess, sadness, and despair. This period, by the way, occurred before Picasso moved from Spain to France. For example, one of his works from this period is called 13-1 *The Frugal Repast*, which he completed in 1904. In this painting, you can see, um, a blind man and a woman seated together at a table, who are both suffering from hunger. Blindness was, um, a frequent theme in his works during this period as well as the plight of poor people. On the opposite end, um, Picasso's work from 1904 to 1906 is now referred to as the Rose Period.

Student B: Ah, I think I read something about this period. Wasn't it a time when Picasso seemed happier as an artist?

Professor: Yes, that's correct. Um, during this time, his paintings conveyed a more cheerful and upbeat tone in both color and content. He used a lot of pinks and oranges in his work, and often depicted characters and scenes of circus life. The painting titled

13-2 *Family of Saltimbanques* from 1905 is, um, a good example of his works from this period. It shows six "saltimbanques," a kind of circus worker on an empty space of land. So, in this way, Picasso's paintings conveyed a warmer and lighter feeling during this period. After the Rose Period came Picasso's African-influenced Period from 1907 to 1909. Um, you see, his works during this time were inspired by his exposure to African artworks.

Student B: Oh, really? **14-1** I never knew that Picasso had spent part of his life in Africa.

Professor: **14-2** Actually, he didn't. You see, due to the spread of the French Empire into Africa in the early 20th century, many African artworks started arriving in Paris, where Picasso was living at the time. **15-1** These artworks later influenced several of Picasso's paintings during this period such as, um, *Bust of a Woman* in 1907. OK, next, following the African Period, um, came the period known as Cubism.

Student A: Hmm...is that because Picasso traveled to Cuba or something?

Professor: No, not quite. Um, Picasso pioneered Cubism along with another painter named Georges Braque. They created their works by analyzing objects, breaking them apart, and reconstructing them. And this resulted in content shown from many perspectives, in rich detail. The name "Cubism" actually originated from critics who, um, said that these paintings appeared to be composed of many cubes. **15-2** The painting titled *Standing Female Nude* from 1910 is one of Picasso's Cubist works. Well then, um, that concludes my introduction of the four major periods of Picasso's early years.

Student B: Professor, in your opinion, which of these periods was the most important?

Professor: Good question. Hmm, let me see... **16** Although Picasso's work during all four periods was highly influential, I would say Cubism was the most significant due to its revolutionary style. Next class, um, we'll discuss one of Picasso's most famous paintings titled *Guernica*, which was a Spanish city destroyed by the Nazis in 1937.

スクリプトの訳

芸術の講義の一部を聞きなさい。
教授：今日は，20世紀で最も影響力の大きい芸術家について話します。それが誰だか言える人はいますか。
学生A：えー，間違いなくパブロ・ピカソですよね？
教授：その通り！ えー，パブロ・ピカソは1881年にスペインで生まれ，幼少の頃には美術教師であった父親から絵を学びました。そして，あー，1973年にフランスで亡くなるまで，生涯

を通じて彫刻，陶器，デッサン，絵画など何万もの芸術作品を生み出しました。ピカソが好んだ表現手段は絵画でしたが，彼の芸術作品は多様で，幅広く異なった様式が含まれています。今日は，えー，1901年から1912年ぐらいまでの彼のキャリアの初期の絵画に焦点をあてたいと思います。えー，美術史家はこの時期のピカソの作品を4期に分けました。そして，あー，第1期は現在，青の時代と呼ばれており，1901年から1904年まで続きました。

学生Ａ：青の時代？　うーん…それはピカソがこの時期に病気か何かになったからですか。

教授：えー，身体的な病気ではありません。しかしこの時期，彼はややうつ状態にあったようです。それで，えー，彼のほとんどの絵は青を基調に描かれており，陰気さ，悲しみ，絶望を感じさせるものでした。ところで，これは，ピカソがスペインからフランスに移り住む前の時期にあたります。例えば，この時期の彼の作品の1つは『貧しき食事』と呼ばれ，それは1904年に完成しました。この絵の中では，盲目の男性と女性が一緒にテーブルにつき，ともに飢えに苦しんでいます。盲目は，えー，貧しい人々の苦境とともに，しばしばこの時期の彼の作品に登場するテーマでした。それに対して，1904年から1906年のピカソの作品は今日，バラ色の時代と呼ばれています。

学生Ｂ：あー，この時代に関することを読んだことがあります。ピカソが芸術家としてより幸せであるように見えた時代ですよね。

教授：ええ，その通りです。あー，この時期，彼の絵は色彩的にも内容的にも，より快活で陽気なトーンを伝えています。作品にピンクとオレンジ色を多用しており，しばしばサーカス生活の人々や場面を描写しています。1905年の『サルタンバンクの家族』と名付けられた絵は，えー，この時期の彼の作品の良い例です。それは虚空の地に6人の「サルタンバンク」，つまりサーカスで働く人の一種を描写しています。ですから，こんなふうに，この時期のピカソの絵は，比較的温かくて軽い感情を伝えています。バラ色の時代の後，1907年から1909年までのピカソのアフリカ彫刻の時代が来ます。えー，知っての通り，この時期の彼の作品は，アフリカの美術工芸品との出会いによる影響を受けています。

学生Ｂ：あー，そうなのですか。ピカソがアフリカで暮らした時期があることは知りませんでした。

教授：実際には住んでいたことはありません。えー，20世紀初頭にフランス帝国がアフリカにまで広がったため，当時ピカソが住んでいたパリに，多くのアフリカ美術工芸品がもたらされ始めました。これらの美術工芸品が後に，この時期のいくつかのピカソの絵画，例えば，1907年の『女の胸像』のような作品に影響を与えました。では，次はアフリカ彫刻の時代に続いて，キュビズムとして知られている時代です。

学生Ａ：うーん，それはピカソがキューバへ旅行したからとか何かですか。

教授：いいえ，そうではありません。あー，ピカソはジョルジュ・ブラックというもう1人の画家とともに，キュビズムの先駆者となりました。彼らは対象を分析し，ばらばらにし，それを再構築して作品を生み出しました。そしてこれが，さまざまな視点から細部を詳細に描写する内容に帰着しました。実は「キュビズム」という名前は，えー，これらの絵が多くの立方体で構成されているように見える，と言った批評家たちの言葉に由来します。1910年の『立つ裸婦』と名付けられた絵はキュビストとしてのピカソの作品の1つです。はい，これでピカソの初期の時代の4大期の紹介はおしまいです。

学生Ｂ：教授の見解では，これらの時代で最も重要なのはどれですか。

教授：良い質問ですね。えー，そうですね…。この4つの時代すべてにおけるピカソの作品は非常に影響力がありましたが，キュビズムはその革命的様式ゆえに，最も重要であると言えるでしょう。次の時間は，えー，ピカソの最も有名な絵の1つ，1937年にナチスによって破壊されたス

12 正解 Ⓐ

> **訳** この講義の主な目的は何か。
> Ⓐ ピカソの作品を時代別に詳しく説明すること
> Ⓑ スペイン時代とフランス時代のピカソの芸術を比較すること
> Ⓒ 色彩がどのようにピカソの情緒に影響を与えたかを説明すること
> Ⓓ ピカソの色彩の好みの特徴を述べること

解説 下線部**12**で，教授は今日の講義の目的と範囲について「1901 年から 1912 年ぐらいまでの彼のキャリアの初期の絵画に焦点をあてる」，「美術史家はこの時期のピカソの作品を 4 期に分けた」と言っている。その後それぞれの時代のピカソの作品の特徴などを例を挙げながら説明しているので，正解は Ⓐ。

13 正解 Ⓓ

> **訳** 『貧しき食事』と『サルタンバンクの家族』に共通しているものは何か。
> Ⓐ 両作品とも同じ年に描かれた。
> Ⓑ 両作品ともフランスで描かれた。
> Ⓒ 両作品とも苦痛感を伝えている。
> Ⓓ 両作品とも人々のいる場面を描写した。

解説 『貧しき食事』は下線部**13-1**に，『サルタンバンクの家族』は下線部**13-2**で説明されている。『貧しき食事』は盲目の男性と女性が一緒にテーブルについている場面，『サルタンバンクの家族』はサーカスで働く人々が登場しているので，Ⓓ が正解。なお，下線部**13-1**の前で，「これ（『貧しき食事』が描かれた時期）は，ピカソがスペインからフランスに移り住む前」とあるので，Ⓑ は不可。

14 正解 Ⓒ

> **訳** ピカソに関する次の記述で，正しくないのはどれか。
> Ⓐ 彼はいろいろな媒体を用いて芸術作品を創作した。
> Ⓑ 彼は青の時代にはスペインに滞在していた。
> Ⓒ アフリカにいたとき，彼は新しい種類の芸術を経験した。
> Ⓓ 彼は絵画の新しい様式を生み出すことに助力した。

解説 下線部**14-1**で学生が「ピカソがアフリカで暮らした時期があることは知らなかった」と言っているのに対し，教授は下線部**14-2**で「実際には住んでいたことはなかった」と答えている。よって，Ⓒ が正解。

15 正解 ⓒ

　🗨 訳 　教授が言及したアフリカ彫刻の時代とキュビズムの時代の2つの絵画のテーマとは何か。

　Ⓐ 戦争
　Ⓑ 社会活動
　Ⓒ 女性
　Ⓓ 自然

> ■解説■ 下線部 **15-1** で，アフリカ彫刻の時代の作品例として『女の胸像』，下線部 **15-2** で，キュビズムの時代の作品例として『立つ裸婦』が挙げられている。タイトルから，どちらも女性がテーマと考えられるので，正解は ⓒ。

16 正解 Ⓐ

　🗨 訳 　ピカソの初期の時代に関して，教授の見解を最もよく表しているのはどれか。

　Ⓐ 彼の最も重要な創作活動は，新たな様式の芸術を発展させたことにあった。
　Ⓑ ピカソのすべての作品は等しく重要であった。
　Ⓒ 彼の最も興味深い作品は青の時代とバラ色の時代に作られた。
　Ⓓ アフリカ彫刻の時代が彼の芸術様式を永久に変えた。

> ■解説■ 教授は下線部 **16** で「4つの時代すべてにおけるピカソの作品は非常に影響力があったが，キュビズムはその革命的様式ゆえに，最も重要である」と言っている。新たな様式の芸術の先駆者的活動を評価しているので，正解は Ⓐ。Ⓑ，Ⓒ，Ⓓ はすべて教授の発言とは異なるので不適切。

講義の一部をもう一度聞き，質問に答えなさい。(スクリプト太字部分参照)

17 正解 ⓒ

　🗨 訳 　教授はピカソについて何と言っているか。

　Ⓐ ピカソは，絵画以外の他の形式の芸術活動をしたがらなかった。
　Ⓑ ピカソは，絵画の作品の数よりも質にこだわった。
　Ⓒ ピカソは，絵画以外にも多くの種類の芸術の能力を持っていた。
　Ⓓ ピカソは，もっと他の種類の芸術活動も行うべきであった。

> ■解説■ ピカソが彫刻，陶器，デッサン，絵画などを生み出したことを説明した後で「彼の芸術作品は多様で，幅広く異なった様式が含まれている」と説明している。よって，絵画以外にもさまざまな芸術の能力があったと言っている ⓒ が正解。

スクリプト

Listen to part of a conversation between a student and a sociology professor.

Student: Excuse me, professor. **1** I have a question or two about yesterday's lecture on fast food in society. Do you have a minute?

Professor: Of course, Maria. Why don't you come in and have a seat?

Student: Thank you, professor. Um, yesterday you described the way people consume fast food nowadays as a kind of *societal addiction*. In other words, did you mean that it's as hard for them to give up fast food as it is for some people to quit smoking?

Professor: Yes, that's a pretty good analogy. As you know, these restaurants are located seemingly everywhere throughout our cities. When driving along any fairly busy street, um, I'm sure that you see one every minute or two. So, the fact that we as a society consume so much fast food is why some experts consider it a kind of societal addiction. Um, do you happen to know what percent of people eat fast food at least once a day?

Student: Hmm, I'd say maybe 10%?

Professor: Actually, 1 out of every 4 people in this country eat fast food every day. What's more, according to research, only 4% of people never eat fast food at all. What's interesting is that most of us realize that it's quite bad for our health but we choose to consume it anyway. Um, any idea why so many people eat fast food in spite of the health risks?

Student: Well, you know, um... **3-A** in many homes nowadays, both parents work, so they have little time to prepare proper meals. And, um, **3-C** I think many people like fast food simply because it's cheap, tasty, and convenient.

Professor: Ah, yes. Cheap, tasty, and convenient — these three benefits do indeed seem to explain why so many of us are willing to consume fast food even if it's unhealthy. **2-C** Do you know what kinds of health problems are associated with fast food?

Student: Um, eating too much fast food tends to cause obesity, right?

Professor: Yes, it certainly does. In fact, it generally contains a substantial number of calories. For example, are you aware that one fast food meal at some restaurants provides enough calories for the average person for one whole day? And, uh, if that statistic isn't shocking enough, one health expert calculated that people would have to walk non-stop for six hours to burn off the calories gained by eating one large-sized set meal at some restaurants.

Student: Wow! That's shocking! But is fast food the major cause of obesity in society nowadays?

Professor: Good question. Uh, let's just say that it's a rather large slice of the pie, so to speak, among the major causes of obesity. Indeed, fast food alone cannot account for why 40% or more of adults are very overweight in this country. **2-D** The fact that many people exercise less nowadays, as well as other factors, contributes to the obesity problem.

Student: **2-B** Professor, in yesterday's lecture, you said that another reason why more people are overweight nowadays is because they have *sedentary* jobs. I couldn't understand what you meant by "sedentary" jobs.

Professor: Uh, in other words, their jobs do not require them to be active. You know, like most offices where workers sit down in front of computers all day.

Student: Oh, now I get it. So, you're basically saying that obesity is caused by a variety of different factors — not just by fast food — right?

Professor: Yes, exactly. It's not only what we eat but also our lifestyles that determine whether or not we become obese. **4** It's easy, you know, to place all of the blame for obesity in society on the fast food industry, but it's important to remember that many other factors may contribute to it.

スクリプトの訳

学生と社会学の教授との会話の一部を聞きなさい。

学生：すみません，教授。社会におけるファストフードに関する昨日の講義について少し質問があるのですが，お時間はよろしいでしょうか。

教授：もちろんいいですよ，マリア。入ってお掛けなさい。

学生：ありがとうございます，教授。あのー，昨日教授は，最近の人々のファストフードの消費の仕方は一種の「社会的中毒」だとおっしゃいました。言い換えれば，一部の人にとってたばこをやめるのが難しいのと同じように，ファストフードをやめるのも難しいということですか。

教授：ええ，それは非常に良い例えですね。知っての通り，このような飲食店は町の至るところにあるように見えます。かなり交通量の多い道路をドライブすると，そうですね，1，2分に一度は間違いなく目に入ると思います。ですから，社会としての我々があまりにも多くのファストフードを消費しているという事実が，一部の専門家がこれを一種の社会的中毒と見なす理由なのです。えー，ところで，何％の人が毎日少なくとも一度はファストフードを食べているか知ってい

ますか。

学生：えーと，10％くらいですか。

教授：実は，この国では4人に1人がファストフードを毎日食べているんですよ。さらに，調査によると，ファストフードを絶対に食べないという人はわずか4％にすぎません。面白いことには，ほとんどの人が健康に全く良くないことを知っているのに，それでもやはりファストフードを食べるという選択をしています。えー，健康上のリスクがあるにもかかわらず，なぜそれほど多くの人々がファストフードを食べるのだと思いますか。

学生：そうですね，えーと，最近は多くの家庭で両親ともに仕事を持っているので，まともな食事の用意をする時間がほとんどないからです。それから，えー，ファストフードを好きな人が多いのは，とにかく安くて，おいしくて，便利だからだと私は思います。

教授：ええ，そうですね。安くて，おいしくて，便利。実際にこの3つの利点こそが，たとえ健康に良くなくても，多くの人がファストフードを喜んで消費する理由を説明しているようですね。どのような健康問題がファストフードと関連しているか知っていますか。

学生：えーと，ファストフードを食べすぎると肥満の原因になりますよね？

教授：ええ，間違いなく。事実，一般的にファストフードには相当なカロリーが含まれています。例えば，一部のファストフード店で出している1回分の食事は，平均的な人の1日分相当のカロリーを含んでいることを知っていますか。それに，そうですね，この統計データでも十分に驚くのに，ある健康専門家は，一部の飲食店でLサイズのセット1食分を食べて摂取したカロリーを消費するには，止まることなく6時間歩き続けなければならない，と計算しているんですよ。

学生：わー！　それは衝撃的ですね！　でも，ファストフードが今日の社会における肥満の主な原因なのでしょうか。

教授：いい質問です。えー，それは肥満の主な原因の中の，いわば，どちらかと言えば大きな取り分と言えばいいのでしょうか。実際，ファストフードだけでは，この国の40％以上もの成人が超肥満である理由を説明できません。最近では多くの人の運動量が減っているという事実も，他の要因と並んで肥満問題の一因となっています。

学生：教授，昨日の講義で教授は，最近さらに多くの人々が肥満になっているもう1つの理由は，仕事が「座業」だからだとおっしゃいました。座業の「座」がどういう意味なのか分かりません。

教授：えー，言い換えれば，体を動かす必要がない仕事ということです。つまり，一日中コンピューターの前に座って働く多くの会社（での仕事）のようなものですね。

学生：あー，分かりました。ですから教授は要するに，肥満はファストフードだけではなく，いろいろな要因によって引き起こされているとおっしゃっているのですね。

教授：ええ，その通りです。何を食べているかだけではなく，我々の生活習慣もまた，肥満になるかどうかを左右するのです。いいですか，社会における肥満に関する非難をすべてファストフード産業に押しつけるのは簡単ですが，他の多くの要因にも起因しているかもしれないことを覚えておくことは重要ですよ。

1 正解 Ⓓ

> **訳** なぜ学生は教授に会いに来たか。
> Ⓐ 栄養に関するアドバイスを得るため
> Ⓑ 社会におけるファストフードを非難するため
> Ⓒ 座業を観察するため
> Ⓓ 前回の授業について質問するため

> **解説** 下線部**1**で学生が「社会におけるファストフードに関する昨日の講義について少し質問がある」と言っているので，正解は Ⓓ。

2 正解 Ⓐ

> **訳** 教授によると，以下の要因で，肥満の一因とならないのはどれか。
> Ⓐ 喫煙
> Ⓑ ある種類の仕事
> Ⓒ 食物の選択
> Ⓓ 運動不足

> **解説** 下線部**2-C**で，教授はファストフードと関連のある健康問題について質問し，学生は肥満の原因になると答えているので Ⓒ，下線部**2-D**で多くの人の運動量が減っていると言っているので Ⓓ，下線部**2-B**で学生は教授が肥満の原因の1つに座業を挙げたと言っているので Ⓑ はそれぞれ言及されていることが分かる。喫煙は肥満の一因としては挙げられていないので，Ⓐ が正解。

3 正解 Ⓐ Ⓒ

> **訳** 会話によれば，ファストフードの利点は何か。
> 　答えを2つクリックしなさい。
> Ⓐ 一部の家庭にとって便利な食事の選択肢である。
> Ⓑ 1回の食事で1日分の全カロリーを容易に供給する。
> Ⓒ 廉価で食べられる。
> Ⓓ 6時間の歩行に十分なエネルギーを供給する。

> **解説** 教授の「なぜ多くの人々がファストフードを食べると思うか」という質問に対して，学生が，下線部**3-A**で「多くの家庭で両親ともに仕事を持っているので，まともな食事の用意をする時間がほとんどない」ことを挙げているので Ⓐ が，また，下線部**3-C**で「ファストフードは安くて，おいしくて，便利」であることを挙げているので Ⓒ が正解。Ⓑ と Ⓓ はファストフードの欠点である。

4 正解 **D**

訳 肥満について，教授の意見を最もよく表しているものはどれか。

A 座業が増えたことが主な要因である。

B ファストフードだけに責任がある。

C コンピューターを使うことによって起きている。

D 何が主な原因だと言うのは難しい。

解説 下線部 **4** で教授が「(ファストフードだけでなく，) 他の多くの要因にも起因しているかもしれないことを覚えておくべきだ」と言っているので，正解は **D**。

会話の一部をもう一度聞き，質問に答えなさい。(スクリプト太字部分参照)

5 正解 **C**

訳 教授はファストフードについて何を言おうとしているか。

A それが健康に与える影響は，パイのようなデザートが与える影響と同様のものである。

B 健康上のリスクのため，人気がなくなりつつある。

C それは肥満の大きな原因の1つである。

D それのみが，人々が肥満になる理由を理解するのに役立つ。

解説 「ファストフードが今日の社会における肥満の主な原因なのか」という学生の問いに対し，教授が「肥満の主な原因の中の，いわば，どちらかと言えば大きな取り分だ」と述べている。すなわち，肥満の主な原因のうちの1つであるということなので，正解は **C**。

Passage 2-2 🔊 **track 206-212**

▶問題　　p.244 ～ 245
■解答一覧　p.246

スクリプト

Listen to part of a lecture in an engineering class.

So, on the subject of matter and phase transitions, I should bring up one of the most common practical applications of this phenomenon. The way liquids turn into gasses and how energy is consumed in the process is the basis for how all common refrigeration works. **6** That goes for everything from air conditioning to freezers, all of which use a class of chemicals called refrigerants. Usually this word means synthetic chemicals made specially for this purpose. They have some very unusual physical properties that make them very useful.

266

First, let me pull out something here to illustrate this. This here is a can of R-134a. It's a refrigerant often used in car air conditioners, though it's being phased out for some more environmentally-friendly alternatives. If you shake it, you can hear that there's a liquid inside. I'll just pass it around so you can see for yourselves. There you go…

So, as I said, it's a liquid right now, but that's only because it's under pressure. If we punctured that can, it would turn into a gas since R-134a's boiling point is -26 degrees Celsius at sea level. Even in extremely cold temperatures, the heat of the air would cause it to evaporate. Despite that, **7-1** you can still turn it into a liquid with just a little bit of pressure. You'll notice it isn't much different from a drink can, is it? **7-2** If this were a chemical that required a lot of pressure, we'd need something like a heavy-duty, steel gas canister. So, R-134a is an ideal refrigerant because it takes just a little bit of pressure to turn it into a liquid and requires only very low temperatures to evaporate.

In your typical air conditioner, you have a chemical like R-134a in a closed loop of pumps and valves and tubes. A compressor pump pressurizes the refrigerant, turning it into a high-temperature liquid. **10-B** This hot, pressurized liquid flows through pipes to the condenser. The condenser is simply a fan that blows on these pipes filled with this liquid. Usually, the pipes are very narrow to speed up this process, since a fan can more easily cool down these smaller amounts of liquid. This process produces hot air, which is why the condenser is outside a building in an air-conditioning system. The substance that flows out of the condenser is **10-A** still a liquid under high pressure, just one that's closer to room temperature.

Next, the liquid flows through more pipes until it hits an expansion valve, basically a nozzle that lets out a little bit of the refrigerant at a time, sort of like a spray bottle. Since it's only letting a little bit of the liquid out at a time into tubes of the same size, that means that **10-C** the refrigerant is now at a lower pressure. And what happens when the refrigerant returns to a low pressure? Yep, it almost immediately turns back into gas.

Now, I'm going to spend some time on this part for a while, so bear with me. It's not easy to understand. The liquid we most often see turning into a gas is water, and that requires a lot of heat to do so. You need a big flame to boil water, right? Refrigerants need heat, too, but just a small amount. They use the heat in the air to boil, and this makes the pipes cold. Sucking up heat energy leaves cold behind. Heat means energy, and cold is the lack thereof. When you consume heat energy, the heat disappears, and you're left with cold refrigerant and pipes. So, really, the refrigeration process used in air conditioning isn't "creating" cold; it's consuming the heat that we want to get rid of. Kind of a strange way to think about it, huh?

Sometimes, this property of making things cold is just an unintended byproduct of refrigerants. There's actually another common use for the substances you might be familiar with. **8-1** Are you familiar with those compressed air canisters you use to dust computers? Those cans don't really have compressed air in them; that would take an extremely sturdy metal canister to hold. **8-2** The cans are actually filled with a refrigerant, very similar to the one being passed around the room right now. When you press the trigger to shoot out "air," what you're really doing is venting the refrigerant which turns from a liquid to a gas. It takes a little bit of heat from the metal can itself to evaporate, which is why the can feels cold to the touch after you use it for a while.

Anyway, back to what we were talking about. **9** This cooling process takes place in the evaporator, which is very similar to the condenser fan I mentioned previously. The difference is that this time the fan is blowing on the cold pipes and blowing that coldness into the area you're trying to air condition, like your room, for example. At the end of this whole process the refrigerant is once again a gas at low temperature, meaning it can be routed right back into the compressor to restart everything.

スクリプトの訳

工学の講義の一部を聞きなさい。

さて，物質と相転移の話題において，最も普通に行われているこの現象の応用の1つを挙げなければなりません。液体から気体への変化の方法とその過程においてどのようにエネルギーが消費されるのかは，すべての一般的な冷却（冷凍）がどのようにして作用するかの基本になります。それはエアコンから冷凍庫まですべてのものにあてはまります。これらのものすべては冷媒と呼ばれる化学薬品の一種を使用しています。通常この語は特にこの目的で作られた合成化学薬品を意味します。それらにはとても有用ないくつかの非常に珍しい物理的特性があります。

まず最初に実例を挙げるために，ここにある物を取り出してみましょう。ここにあるのはR-134aの缶です。これは車のエアコンによく使用される冷媒ですが，より環境に優しい代替品のために段階的に廃止されてきています。これを振ると，中に液体があるのが聞こえるでしょう。今それを回しますので，自分自身で見て確かめてみてください。さあ，どうぞ。

さて，私が言ったように，それは今は液体ですが，それはただ圧力がかかっているからです。もしその缶に穴をあけたら，それは気体に変化するでしょう，というのはR-134aの沸点は平均海面で摂氏マイナス26度だからです。たとえ極端に寒い温度でも空気中の熱がそれを蒸発させるのです。にもかかわらず，ほんの少しの圧力でなお，それを液体に変えることができます。それは飲み物の缶とあまり違わないことに気付きますね。もしこれが大きな圧力が必要な化学薬品なら，丈夫な鋼鉄製のガス缶のようなものが必要になります。ですから，R-134aは理想的な冷媒なの

です。なぜなら，ほんの少しの圧力で液体に変化し，非常に低い温度さえあれば蒸発するからです。

　通常のエアコンには R-134a のような化学薬品がポンプと弁と管の閉回路の中に入っています。コンプレッサーポンプが冷媒を加圧し，高温の液体にします。この高温の加圧された液体はパイプの中を流れてコンデンサー（室外機）に行きます。コンデンサーは，この液体で満たされているこれらのパイプに空気を吹き付ける送風機にすぎません。通常，この工程を速めるためにパイプは非常に細くなっています，というのは送風機はこの少量の液体を（液体が少量であれば）より簡単に冷ますことができるからです。この工程は熱い空気を作り出します。そのためにエアコンのコンデンサーは屋外にあるのです。コンデンサーから流れ出る物質はまだ高圧下にある液体ですが，その液体はただ室温により近いものです。

　次に液体はより多くのパイプを流れて膨張弁まで行きます。この膨張弁は基本的には，冷媒を一度に少しずつ放出するノズルで，スプレーボトルのようなものです。それは一度に液体をほんの少しずつ同じサイズの管の中に放出するだけなので，つまり，そのとき冷媒はより低い圧力下にあります。そして，冷媒がより低い圧力下に戻ったとき，何が起こりますか。そうです，それはほとんど即座に気体に戻るのです。

　さて，ここの箇所についてはもう少し時間を取りますので，少し我慢してください。これを理解するのは簡単ではありません。私たちが最も多く気化しているのを目にする液体は水ですが，そうするには大量の熱が必要になります。水を沸騰させるには大きい火が必要ですよね？　冷媒にも熱が必要ですがほんの少しだけです。それらを沸騰させるのに空気中の熱を利用し，これがパイプを冷却するのです。熱エネルギーを吸収すると，冷気が後に残ります。熱とはエネルギーで，冷気はエネルギーがない状態です。熱エネルギーが消費されると，熱は消え，冷えた冷媒とパイプが残されます。したがって，実際，エアコンの冷却過程では冷温を「作り出して」はいません。つまり，私たちが取り除きたい熱を消費しているのです。何だか変わった考え方ですよね。

　時に，この物を冷たくする性質は，予期せぬ冷媒の副産物にすぎないことがあります。実際，この物質にはみなさんがよく知っているかもしれない，一般的な利用法がもう1つあります。コンピューターの埃を払うために使う圧搾空気スプレー缶を知っていますか。それらの缶には実際圧搾空気は入っていません。もし入っていたら，それを保持するための非常に丈夫な金属缶が必要になります。缶は実際には冷媒で満たされており，今，教室で（みなさんに）回しているものに非常によく似ています。あなたが引き金（ボタン）を押して「空気」を放出するとき，実際にあなたがしていることは，液体から気体に変化する冷媒の放出です。（液体が）蒸発するためには金属缶自体から少し熱が必要で，そのためしばらく使用した後に缶を触ると冷たく感じるのです。

　とにかく，我々が話題にしていたことに戻りましょう。この冷却過程は蒸発器内で起こります。それは先ほど言及したコンデンサーの送風機と非常によく似ています。違いは，今回送風機は冷たいパイプに向かって吹いており，その冷気を例えばあなたの部屋など，空調しようとしている場所に吹き出していることです。この全課程の最終段階で冷媒は再び低温の気体になります。これは，冷媒がコンプレッサーに戻ってきて，再びすべてを繰り返せることを意味しています。

6 正解 Ⓐ

Ⓐ この講義は主に何についてか。
Ⓐ 冷媒とそれが冷却装置でどのように機能するか
Ⓑ 冷媒とそれが環境にもたらす危険
Ⓒ エアコンとなぜそれが一般に普及しているか
Ⓓ 高圧ガス缶とその多くの用途

解説 教授は冒頭で「液体から気体への変化の方法とその過程においてどのようにエネルギーが消費されるのかは，すべての一般的な冷却（冷凍）がどのようにして作用するかの基本になる」と話し，続けて下線部 **6** で「それはエアコンから冷凍庫まですべてのものにあてはまり，これらすべてのものは冷媒と呼ばれる化学薬品の一種を使用している」と述べ，その後，エアコンを例に冷却装置のメカニズムについて話している。よって，正解は Ⓐ。

7 正解 Ⓒ

訳 R-134a を液体に変化させるために必要な圧力について教授は何と言っているか。
Ⓐ それを果たすのには極端に高い温度が必要である。
Ⓑ 漏れを防ぐために強度のある容器が必要になる。
Ⓒ その気体はあまり圧力をかけなくても液化できる。
Ⓓ もし圧力がかかりすぎると，それは気体に戻ってしまう。

解説 下線部 **7-1** から Ⓒ が正解。下線部 **7-2** から，極端に高い温度も，強度のある容器も必要ないと分かるので，Ⓐ Ⓑ は不適切。気体に戻るのは低い温度下に戻ったときなので，Ⓓ も不可。

8 正解 Ⓑ

訳 なぜ教授はコンピューターを掃除するのに使われる圧力のかかった空気缶に言及したのか。
Ⓐ 冷媒がいかに環境に有害であるかを警告するため
Ⓑ 話されていることとよく似た現象の例を与えるため
Ⓒ 以前に触れた過程の例外を述べるため
Ⓓ 化学物質が熱エネルギーを生み出す形で反応しうることを示すため

解説 教授は冷媒がエアコンの動作中にどのような変化をしているかを説明している途中で，下線部 **8-1** で「コンピューターの埃を払うために使う圧搾空気スプレー缶を知っているか」と学生たちに問いかけ，その後下線部 **8-2** で「缶は実際には冷媒で満たされている」と説明している。冷媒が利用されている他の例として空気缶に触れているので，正解は Ⓑ。

9 正解 Ⓑ

> **訳** 講義によると，適切な効果を得るためにエアコンのどの部分が室内に設置されるべきか。

Ⓐ コンデンサー
Ⓑ 蒸発器
Ⓒ 膨張弁
Ⓓ コンプレッサー

> **解説** 下線部 **9** で，蒸発器は冷却過程で，「冷気を例えばあなたの部屋など，空調しようとしている場所に吹き出している」とあるので，室内にあると考えられる。よって，Ⓑ が正解。

10 正解 Ⓑ → Ⓐ → Ⓒ

> **訳** 講義の中で，空調の過程における冷媒の圧力と温度が述べられている。冷媒がコンプレッサーから出発するところから始めて，以下を正しい順番に並べなさい。

> 語句をクリックして，それが属する適切な場所へドラッグしなさい。

Ⓐ 高圧，中温
Ⓑ 高圧，高温
Ⓒ 低圧，低温

> **解説** 空調の流れの説明の中で，冷媒はコンプレッサーを出るとまず下線部 **10-B** で，「この高温の加圧された液体はコンデンサーに行く」とあり，次に，下線部 **10-A** で，「コンデンサーから流れ出る物質はまだ高圧下にある液体だが室温により近い」とある。そしてその液体は下線部 **10-C** で，「より低い圧力下」となる。この時点では温度は分からないが，次の段落で「気化する際に熱を奪い，低温となる」と説明している。よって，Ⓑ → Ⓐ → Ⓒ の順になる。

講義の一部をもう一度聞き，質問に答えなさい。（スクリプト太字部分参照）

11 正解 Ⓐ

> **訳** 教授はこのように言ったとき，何を意味しているか。（スクリプト破線部参照）

Ⓐ 彼は難しい概念を慎重に説明したい。
Ⓑ 彼は前に説明した重要なポイントを繰り返す必要がある。
Ⓒ 彼は次に行う説明が講義の最も重要なポイントだと感じている。
Ⓓ 彼は学生たちが何か危険なことをするかもしれないと心配している。

> **解説** 教授は破線部で「ここの箇所についてはもう少し時間を取るので少し我慢してほしい」と言い，さらに「理解するのは簡単ではない」と続けている。理解が難しい概念の説明をする前置きだと考えられるので，Ⓐ が正解。

TOEFL® テスト大戦略シリーズ

自分に合った参考書を選んで，目標スコアを獲得しよう！

---

iBT対応
英語力に自信がなく，基礎から力をつけたいなら

⓪ 超基礎からの TOEFL® テスト入門
アゴス・ジャパン　岡田徹也, 松園保則 著
定価：1,980円（本体1,800円＋税10%）

パソコンで体験できる！ Web模試 ＋ダウンロードコンテンツ特典付

iBT対応
試験形式を知りたい, 模試を解きたいなら

❶ はじめてのTOEFL® テスト完全対策
Paul Wadden, Robert Hilke, 松谷偉弘 著
定価：2,530円（本体2,300円＋税10%）　音声ダウンロード付

ダウンロードコンテンツ特典付

iBT&ITP対応
ボキャブラリー対策をしたいなら

❷ TOEFL® テスト英単語 3800
神部 孝 著　定価：2,530円（本体2,300円＋税10%）

❸ TOEFL® テスト英熟語 700
神部 孝 著　定価：1,980円（本体1,800円＋税10%）

パソコンで体験できる！ Web模試特典付

iBT対応
セクションごとに試験対策をしたいなら

❹ TOEFL® テスト リーディング問題 270
田中真紀子 著　定価：2,310円（本体2,100円＋税10%）

❺ TOEFL® テスト リスニング問題 音声ダウンロード付
喜田慶文 著　定価：2,640円（本体2,400円＋税10%）

❻ TOEFL® テスト スピーキング問題 音声ダウンロード付
島崎美登里, Paul Wadden, Robert Hilke 著
定価：2,640円（本体2,400円＋税10%）

❼ TOEFL® テスト ライティング問題 100
Paul Wadden, Robert Hilke, 早川幸治 著
定価：2,310円（本体2,100円＋税10%）

---

iBT対応
本番形式の模試を何度も解きたいなら

❽ TOEFL iBT® テスト本番模試
旺文社 編
定価：3,080円（本体2,800円＋税10%）　音声ダウンロード付
